Sans cesse repousser le rivage

Maud Santini

Sans cesse repousser le rivage

GLOBE

116, rue du Bac, Paris 7e

Dépôt légal : février 2023

ISBN : 978-2-38361-175-2

PRÉFACE

Le système de santé est entré dans une crise majeure. La pandémie de Covid-19 a fait éclater au grand jour des dysfonctionnements qui existaient depuis longtemps, elle en a provoqué d'autres et elle a aussi accéléré de manière fulgurante le développement de ce qu'il est d'usage d'appeler l'@-santé. Le recours systématique au « distanciel » s'est diffusé dans toute la société, y compris dans le champ de la médecine. Alors on a vu naître une curieuse et inquiétante, très inquiétante, opposition. Il y aurait désormais une « vieille médecine », qui examine, qui voit les malades, qui entretient ce colloque singulier entre médecin et malade, qui s'appuie sur une déontologie. Et face à elle, une « nouvelle médecine », un concept qui désigne des applications sur son téléphone, des sites de santé pour surveiller sa santé, des opérateurs qui consultent à distance, soit, en réalité, une pratique désincarnée de la relation médecin-malade, celle-ci devenant de ce fait virtuelle. Et cette nouvelle médecine reposerait sur un grand service téléphonique, « hub mythique » d'accès aux soins, qui répondrait à toutes les demandes. Dans ce cadre-là, chaque personne ayant un problème médico-psychologique, dentaire, ou cardiaque, etc. pourrait appeler ce service d'accès aux soins. Le projet très ambitieux (trop peut-être ?) est que tout problème de santé, quelle que soit sa nature, quel que soit son degré de gravité, pourrait être résolu par ce standard.

L'urgence, c'est un cycle perpétuel. Une histoire sans fin, sans doute depuis le début de l'humanité. L'urgence existera toujours, avec ce cycle naturel et immuable du jour et de la nuit, de malades qui viennent aux urgences de l'hôpital ou qui appellent le SAMU parce qu'ils se sentent en danger, ou que c'est la seule solution qui se présente à eux (pour des questions financières, d'horaires, etc.). Nul ne peut empêcher cela, sauf à considérer que l'on puisse abandonner ces malades à leur funeste sort. Les services qui prennent en charge les urgences sont la vigie de la société : les vélos se développent et c'est l'explosion des accidents de bicyclette, les trottinettes pullulent et entraînent leur lot de blessés, de nouvelles drogues envahissent le terrain et les consommateurs finissent par arriver aux urgences ou par être secourus par une équipe du SAMU. La société diurne et le monde de la nuit sont liés aux urgences, seules structures de santé ouvertes vingt-quatre heures sur vingt-quatre.

Aujourd'hui, il existe une tendance lourde, voulant faire évoluer l'ensemble des SAMU en un service global d'accès aux soins où tout se ferait par téléphone. La télémédecine existe depuis des années. Elle est même au fondement de l'existence des SAMU. Mais elle était pensée comme une étape de la prise en charge permettant une première évaluation du degré de gravité de la situation afin d'envoyer sur place les moyens médicaux adaptés au patient. Aujourd'hui, un glissement qui ne dit pas réellement son nom est en train de s'opérer. On entre dans l'ère du tout-télémédecine. On passe peu à peu d'un service d'urgence de pointe spécialisé à une permanence téléphonique. Les moyens d'intervention médicalisés vont diminuer de plus en plus pour être remplacés par des consultations dématérialisées, et des moyens autres que médicaux ont déjà été mis en service – une sorte d'ubérisation ou de low-cost de la médecine s'effectuant par la délégation de certaines tâches des médecins vers d'autres professions. Ainsi, comme du temps de Napoléon Ier, qui avait créé un corps intermédiaire de santé regroupant des *officiers de santé*, nous allons voir se développer des *infirmiers en pratique avancée* qui auront tout ou partie des compétences des médecins. Le très grand risque est qu'on aboutisse à ce que le monde politique libéral a toujours voulu créer : une médecine de classes. Les plus riches et les plus influents, vivant le plus souvent dans les grandes agglomérations, les zones les plus nanties, pourront consulter des médecins ; les plus pauvres et les plus éloignés des centres verront ces nouveaux professionnels de santé low-cost – idem dans de nombreux Ehpad ou maisons de retraite.

Dès sa naissance, pourtant, le SAMU a eu pour but de rapprocher le médecin du malade, imposant des visites à domicile dans les situations les plus graves. Notre époque entaille ce dispositif qui a sauvé tant de vies. Même si ce n'est pas l'objectif avancé, les transformations actuellement à l'œuvre éloignent de fait les médecins du SAMU de leurs malades en tendant à réduire les déplacements sur le terrain. On aimerait que les nouvelles technologies soient utilisées dans le sens d'un progrès de la médecine et de son exercice, et non pour la mise en place d'une chaîne industrielle impersonnelle faisant croire à une médecine de qualité, alors qu'on aurait affaire, sous l'alibi de l'@-santé, à un abandon sanitaire. Éloigner le malade du médecin est toujours un risque social pour la population, et médico-légal pour les soignants.

Plus de 30 millions d'appels au SAMU chaque année. Et plus de 23 millions aux pompiers. La population a inclus ce système dans l'organisation de sa sécurité. Ce sont des services qui assurent à chaque usager une réponse et la venue possible d'un médecin sur place dans les plus brefs délais. C'est un socle de la société, l'alerte pour aider et sécuriser la personne en danger. C'est une mission régalienne de l'État. Pour chacun de ces millions d'appels, comment, en quelques phrases, déterminer le danger ? Le risque, les conséquences ? C'est très difficile. Les assistants de régulation et les médecins régulateurs qui prennent les appels ont une tâche extrêmement complexe et impactante. L'évolution vers l'@-santé avec, en parallèle, l'engorgement et la saturation de l'hôpital, va automatiquement accroître le nombre d'appels. L'allongement des délais de rendez-vous dans les services hospitaliers, la faiblesse du maillage médical, la désertification causée par le manque d'infirmières libérales… tout cela tend logiquement à reporter sur le SAMU l'ensemble des problèmes de santé, hôpital et médecine libérale confondus, comme s'il pouvait compenser les fragilités structurelles du système de santé. Les médecins régulateurs du SAMU vont donc devoir discerner, repérer les urgences graves, les cas difficiles, parmi des flots d'appels toujours grandissants.

Ce qui est saisissant, c'est que les appels au 15 ont un dénominateur commun : l'angoisse et l'anxiété, voire la peur. Et ces éléments convergent vers la peur de la mort. L'absurdité de cette évolution techno-structurelle est que la relation médecin-malade se dilate, elle est de plus en plus éloignée du regard, de la présence, du toucher, alors que justement au moment de la mort, de la grande peur, de la plus grande angoisse, c'est de présence humaine que les malades ont besoin. Et face à pareil besoin, la médecine qui se dessine aujourd'hui propose du virtuel. Quelles en seront les conséquences médicales et psychologiques ? Telle est la question. Plus que jamais, l'enjeu est de garantir la relation humaine.

Il faut bien se rendre compte que poser un premier diagnostic par un simple échange téléphonique est complexe. Cela nécessite des médecins très bien formés, ayant une grande expérience du terrain. Avec la nouvelle donne numérique, la complexité s'ajoute à la complexité. La connaissance médicale des malades est considérable avec Internet. Bien sûr, mieux le malade comprend son état, mieux il accepte son traitement. Mais un excès d'informations peut gravement nuire à la santé. Ce qui se lit sur Internet engendre des surinterprétations et fabrique du stress. Chaque patient tend à devenir un hypochondriaque en puissance ! On voudrait nous rassurer avec l'ère numérique, avec une médecine augmentée d'Internet et des opérateurs H24 en ligne. Mais ce qui rassure, c'est le bleu du gyrophare et les sirènes, ces scintillements, les personnels habillés en blanc : toute une mise en scène pour asseoir à la fois une autorité, une puissance et une présence. On ne pourra jamais se passer de la relation médecin-malade, de la présence physique du soignant auprès du malade. Car lorsque le médecin rencontre le malade, il le voit dans son environnement, dans ses actes. Cette observation est très importante, par exemple pour les personnes âgées ou les malades chroniques. L'individu dans son environnement, dans sa propre écologie, en dit long sur sa maladie, son handicap et les traitements à mettre en place pour l'aider à vivre. Pour beaucoup de cas, l'analyse des informations fournies par l'interrogatoire téléphonique peut sembler suffisante, mais dans les cas les plus graves, le déplacement du médecin est nécessaire. Refuser cette évidence, c'est fabriquer une société de la solitude.

Le livre de Maud Santini est important à plus d'un titre. Il replace les fondamentaux de la médecine d'urgence en les faisant partager, éprouver au lecteur. Il restitue également l'intensité humaine de cette médecine particulière. Le lecteur est au contact des patients, des médecins, des équipes, dans ce microcosme qui naît, vit et s'accomplit à partir de l'appel au 15. Mais surtout, j'y ai reconnu ce qui fait que ce métier est pour moi un engagement et une passion, à l'opposé d'une médecine virtuelle, une médecine réellement imbriquée dans le monde, travaillée par lui. La ville est ainsi au cœur du livre de Maud Santini, parce qu'elle est le contexte de vie des patients et le terrain d'intervention des équipes du SAMU de Paris. L'autrice parcourt ces territoires et, ce faisant, elle livre un regard sur la façon dont, chaque jour, les femmes et les hommes du SAMU maintiennent un lieu de résistance à cette *société de la solitude.* On le voit, on le ressent par des « petites choses », par l'acuité de l'autrice à évoquer une situation de détresse. Les changements si importants envisagés aujourd'hui pour notre système de santé doivent être débattus car c'est de la qualité des soins et de notre avenir en commun qu'il s'agit. Chaque jour il nous faut « sans cesse repousser le rivage ». Pour toutes ces raisons, cet ouvrage est fondamental.

Patrick Pelloux
Paris, le 27 août 2022

C'est un soir d'été. Dans la salle de régulation du SAMU de Paris, un assistant répond à un appel au 15. L'interrogatoire qu'il amorce laisse entendre qu'il s'agit d'un accident de scooter. Dans les secondes qui suivent, un autre appel est reçu pour le même motif, puis un troisième. L'un des deux médecins de garde ce soir-là se redresse sur son siège : « Trois appels. Là, il faut faire attention. Quand on en reçoit plusieurs pour un même incident, c'est un indice de gravité. » L'instant d'après, les assistants de régulation transmettent les informations aux médecins. Les trois appels proviennent de trois lieux différents, ce sont des accidents distincts. Sans détourner son regard de l'écran d'ordinateur où il lit les renseignements qui viennent d'être retranscrits, le deuxième médecin pointe un doigt vers le ciel derrière le vitrage de la salle de régulation. Il dit : « C'est la pluie. » Un orage a éclaté à peine plus tôt. « Il fait hyperchaud depuis des semaines et d'un coup, la pluie. Tout glisse. » Le dehors est entré dans la salle par le récit de l'événement, des événements. La chaussée, la circulation, la vitesse s'introduisent par des voix, à travers le téléphone. D'emblée la ville impose sa présence, sa pulsation. La pluie est rendue présente dans un registre plus direct encore puisqu'elle est montrée en même temps qu'elle est nommée. Le geste, le doigt pointé vers le ciel, ramène l'extérieur à l'intérieur. Ce dont on parle est visible, palpable. Des indications de nature hétéroclite sont rassemblées. Elles informent chacune sur un aspect du réel et concourent ensemble à faire comprendre le contexte dans lequel apparaît la situation d'urgence. L'indice météorologique, *c'est la pluie*, n'est pas si anecdotique qu'il pourrait paraître. Il renvoie à l'aptitude des personnels du SAMU à prendre la température de la ville, à en capter l'atmosphère, le climat.

SAMU. L'acronyme veut dire Service d'aide médicale urgente. Accident grave, affection brutale, lorsque la vie brusquement s'échappe, que le temps est compté, qu'une intervention des pompiers secouristes ne suffira pas, que la victime n'est pas en état d'atteindre elle-même les portes de l'hôpital, c'est alors l'hôpital qui se déplace. Le SAMU, c'est l'hôpital qui sort dans la ville pour aller prendre en charge les personnes subitement en état de détresse vitale, « en quelque endroit qu'elles se trouvent* », dans l'ordinaire du monde : un appartement, un trottoir, un couloir de métro. En cas d'urgence, faites le 15. Selon la formule consacrée, le SAMU est associé à un numéro de téléphone. Il est également rattaché à l'image de véhicules blancs roulant à vive allure avec sirènes et gyrophares. Les deux objets, le téléphone et le véhicule blanc, matérialisent la double vocation du service : répondre jour et nuit aux appels et intervenir en envoyant des unités mobiles hospitalières sur les lieux de l'urgence. La salle de régulation est l'endroit où convergent les appels. L'assistant de régulation médicale est le premier à qui l'on parle lorsqu'on compose le 15, il est celui qui répond au téléphone. Il recueille les premières informations, localise le plus précisément possible la victime puis transmet l'appel à un médecin urgentiste ou anesthésiste-réanimateur, appelé médecin régulateur. Celui-ci évalue le degré de gravité et décide des moyens à engager. Il effectue un tri, il hiérarchise

* Cf. loi 86-11 du 6 janvier 1986 relative à l'aide médicale urgente et aux transports sanitaires.

et adapte sa réponse au motif de chaque appel. Parfois un simple conseil téléphonique ou l'envoi d'un médecin généraliste à domicile suffit. Pour les cas graves, lorsque le pronostic vital semble immédiatement en jeu, le SAMU déclenche ses propres moyens d'intervention, les SMUR, Services mobiles d'urgence et de réanimation. Ce sont les camionnettes blanches que l'on voit filer à travers les rues. À bord de chacune d'entre elles, il y a une équipe médicale dirigée par un médecin, lui aussi urgentiste ou anesthésiste-réanimateur, appelé, cette fois, médecin transporteur. Par un glissement de langage, l'acronyme SAMU a fini par désigner l'ensemble du dispositif, mais en réalité on appelle le SAMU et c'est un SMUR qui se déplace. Afin de pouvoir intervenir sur l'ensemble du territoire, le service est organisé à l'échelle du département. Ainsi, à partir d'un numéro national unique, le 15, chaque appel est automatiquement dirigé vers la salle de régulation du SAMU du département correspondant qui possède ses propres véhicules d'intervention. À Paris, les limites du département se confondant avec celles de la ville, le SAMU 75 est le seul à être exclusivement urbain – on dit d'ailleurs SAMU de Paris.

En poussant la porte du SAMU de Paris, j'avais l'intuition qu'il me serait possible d'avoir accès à quelque chose de la ville. Un médecin me prévenait lors de notre première rencontre : « Il y a plusieurs villes dans Paris. Nous, nous sommes comme une tour de contrôle, on sait ce qui se passe. » Ils savent, en effet. Quiconque séjourne ne serait-ce que quelques jours parmi eux en fait le constat. Mais l'angle est particulier. Le « ce qui se passe » n'est ni neutre ni indifférent, il provient toujours de situations qui sont des situations de faille. Des moments où ça heurte, où ça saigne, où ça fait peur. Où la vie tient à très peu. Où l'ordre le plus élémentaire, celui de l'intégrité du corps, est atteint. L'urgence confère une visibilité soudaine et crue (et tout à fait provisoire) à ce qui est d'ordinaire caché derrière les murs, derrière les portes, sous les vêtements. Elle donne aussi à entendre ce qui, bien souvent, est tu. À travers le SAMU, le monde apparaît par ce qu'il maintient habituellement à distance. Qu'apprend-on de cela ? C'est ce que j'ai cherché à saisir. En restituant des voix, des gestes, des lieux. Des silences aussi, des regards dérobés. Observer Paris par le SAMU, c'est avant toute chose faire le choix d'un cadrage, un cadrage qui permet d'entrer dans un envers du décor et d'entrevoir ce qui s'y joue, ce qui s'y fabrique.

L'APPEL

Sandra Legrand est assistante de régulation au SAMU de Paris depuis un an. Auparavant, elle a travaillé dans la restauration. Et dans le cinéma, comme régisseuse. Un matin du mois d'août, un témoin signale une adolescente blessée par arme blanche. En transférant l'appel au médecin régulateur, Sandra Legrand résume : « Elles sont quatre, elles ont toutes treize ans, elles ont toutes le même nom. Rue Saint-Honoré. C'est là où elles détroussent les touristes... Apparemment ce sont des Roumaines, elles ont dû se battre. »

Elle prend un autre appel. Un jeune homme de vingt et un ans explique qu'il vient de faire un malaise après avoir couru pour rattraper l'autobus. Il a repris connaissance, mais se sent « mal ». Sandra Legrand lui demande de se localiser, de dire dans quel arrondissement il se trouve. Il répond : « Là, je ne sais pas dans quel arrondissement je suis. Je suis en face du RER Javel. » Puis deux erreurs, coup sur coup. Certains numéros de fax commencent par 01-50…, 01-52-…, 01-55… Dans le flot des appels qui aboutissent en régulation, il arrive quotidiennement que des gens pensant composer ces numéros-là pour envoyer un fax appellent involontairement le 15. Il suffit d'oublier le zéro, de mal appuyer sur la touche. Une auxiliaire de vie appelle pour une dame âgée « qui n'a pas de selles depuis trois jours ». L'auxiliaire de vie hésite sur l'adresse, « 124 bis, boulevard Murat. Non, 213 », puis sur l'orthographe du nom de la dame, qu'elle ne connaît sans doute pas bien. « Vous ne raccrochez pas, je vous passe le médecin. » De nouveau deux erreurs, puis une femme : « Je suis hébergée par l'hôtel social, c'est au cinquième étage et il n'y a pas l'ascenseur. C'est difficile parce que j'ai des problèmes cardiaques, vous voyez ? – Oui, madame, je comprends. Mais vous n'êtes pas au bon numéro. » Sandra Legrand laisse la discussion se prolonger un peu, avant d'y mettre un terme. L'appel est classé parmi les erreurs. « Même si les problèmes cardiaques de cette dame associés à de mauvaises conditions de logement peuvent dégénérer, pour le moment ce n'est pas le cas. Donc pour nous ce n'est pas une urgence médicale. »

Sandra Legrand dit qu'il est parfois difficile de mettre à distance la détresse sociale. La détresse tout court d'ailleurs. C'est le plus difficile, au début, lorsqu'on n'a pas l'habitude. « Moi, par exemple, j'avais beaucoup de difficulté avec la douleur, avec les gens qui ont très mal. Tu as beau savoir que la douleur n'est pas toujours synonyme de gravité, c'est difficile. Au début, j'étais très impressionnée par les gens qui pleurent. Avec le temps, on apprend. On apprend aussi qu'il y a des phrases à ne pas prononcer. "Calmez-vous", par exemple, ça ne marche jamais. Tu peux être sûre que la personne va répondre : "Mon enfant est inconscient, comment voulez-vous que je me calme ?!" » Elle raconte aussi que certains mots sont à proscrire, « décès » par exemple, même si la description de la situation laisse peu de place au doute. « Parce que la personne qui appelle est dans l'état d'esprit de quelqu'un qui demande de l'aide. Alors on ne peut pas lui renvoyer par téléphone une autre réalité. »

Les appels reprennent, elle décroche. Il s'agit d'un homme dont le fils de huit mois ne mange ni ne boit depuis la veille. L'enfant est suivi pour une distorsion rénale à l'hôpital Necker. Il n'est pas à côté de lui. Il est sur son lieu de travail. C'est lui qui appelle car la mère, à la maison auprès de l'enfant, ne parle pas français. L'assistante de régulation prend l'adresse, demande à plusieurs reprises s'il y a un code, un interphone. Elle note l'étage, le numéro de porte. Elle fait répéter le nom de l'enfant, vérifie que la mère porte le même et que c'est bien celui-ci qui figure sur l'interphone. En se faisant confirmer une dernière fois l'étage où se situe l'appartement, elle anticipe les problèmes susceptibles de se poser en cas d'intervention. La mère ne parle pas français, elle ne pourra guider personne via l'interphone. D'autres appels, deux erreurs puis encore un fax et une dame qui dit : « Je me trouve devant une situation difficile. C'est un monsieur de quatre-vingt-dix ans qui est tombé dans les toilettes, je n'arrive pas à le relever. – C'est votre mari, madame ? – Non ce n'est pas mon mari, mais c'est tout comme. » Sandra Legrand demande l'identité du monsieur, ainsi que l'adresse. La femme donne le nom, la date de naissance. Pour l'adresse, elle commence à expliquer : « À la limite entre le 16e et le 7e… Pardon, entre le 15e et le 7e, à côté du carrefour de Breteuil. » L'assistante de régulation insiste pour avoir l'adresse exacte, la dame finit par la lui donner. Elle poursuit l'interrogatoire pour obtenir le code d'accès à l'immeuble. La dame ne répond pas directement, elle dit : « Oui il y a un code, mais quand ils arrivent, je les vois par la fenêtre et je leur ouvre, vous comprenez ? Je suis au rez-de-chaussée. » L'assistante de régulation insiste de nouveau, elle obtient le code et transmet l'appel à un médecin.

Il y a comme un temps mort, Sandra Legrand en profite pour retirer momentanément son casque. Elle incline le dossier de son siège en arrière et s'étire. Elle repense à l'appel qu'elle vient de traiter : « Dès qu'ils disent qu'ils ouvrent quelque chose, une porte ou autre, c'est un problème. Parce qu'il suffit qu'il se passe autre chose entre-temps pour qu'ils oublient de le faire. Et là, on ne les trouve plus. »

Une jeune femme appelle : « J'habite Paris, dans le 13e arrondissement. Mon fils de onze mois s'est étouffé, il a craché du sang. – Il respire maintenant, madame ? – Oui. – Vous habitez où ? » Sandra Legrand note les renseignements habituels et poursuit : « Il tousse votre enfant, madame ? – Non, il se touche l'oreille… Il s'est mis à se gratter l'oreille et il transpire. » Tout en passant l'appel à un médecin régulateur, Sandra Legrand exprime son étonnement. Elle pense que la mère ne raconte pas toute l'histoire. Puis un appel arrive en provenance des pompiers de la gare d'Austerlitz, au sujet d'une jeune femme de vingt ans qui a fait un malaise. L'appel est transmis à un médecin régulateur. Le pompier décrit en détail l'état de la jeune femme, il transmet ses constantes. Le médecin conclut : « Je ne vais pas envoyer un docteur à la gare pour ça. Il est quelle heure ? 13 heures, elle n'a qu'à aller se chercher un truc à manger ! Il n'y aura pas d'évacuation vers un hôpital pour ça. » Sandra Legrand commente : « On en revient toujours à la notion de prescription. Les pompiers ne sont pas médecins. À partir du moment où ils prennent quelqu'un en charge, ils sont tenus d'avoir un avis médical. » Une animatrice de centre de loisirs s'inquiète au sujet d'un enfant qui est tombé de sa hauteur en glissant. Sandra Legrand demande l'adresse. L'animatrice répond rapidement, avant de se reprendre. Elle a donné l'adresse du centre de loisirs par réflexe, alors que l'accident a eu lieu ailleurs, à la piscine, quelques rues plus loin. C'est là que l'enfant est tombé. Sandra Legrand rectifie les coordonnées. Ensuite, elle prend les informations concernant l'enfant, son âge, son nom. Une infirmière coordinatrice d'un accueil de jour pour personnes atteintes de troubles de la mémoire appelle maintenant au sujet d'une femme de quatre-vingt-cinq ans « déjà vue à La Pitié » il y a trois jours.

Une femme qui semble marcher en même temps qu'elle parle dit d'une voix essoufflée : « Je vous appelle, je suis très inquiète. Une amie à moi vient de faire un malaise, elle vient de m'appeler. Je suis en chemin pour aller chez elle. – Quel est son numéro de téléphone, madame ? Quelle est son adresse ? – 5, rue de Londres. – Le code ? Et son nom ? » La femme répond, tout en ajoutant : « Elle est en sevrage de sa chimio. » Sandra Legrand lui explique que des secours vont arriver et qu'elle va raccrocher pour pouvoir appeler la malade, ce qu'elle fait. La malade répond, confirme le récit de son amie. « Ne raccrochez pas, madame, on va vous aider. Je vous passe le docteur. » Le médecin régulateur s'entretient rapidement avec la patiente, puis reprend Sandra Legrand à qui il dit : « Elle fait des phrases complètes, elle ne semble pas mal respirer. On lui envoie les premiers secours. »

Les premiers secours, ce sont les véhicules de secours et d'assistance aux victimes des pompiers, les camionnettes rouges que l'on voit si souvent dans les rues. Le

SAMU, en relation avec la régulation des pompiers, peut envoyer ce type de moyens, de même qu'il peut solliciter des associations de secourisme, type Croix-Rouge ou protection civile. Les pompiers et les secouristes ne pratiquent pas d'actes médicaux, mais ils sont aptes à réaliser les gestes de premiers secours et à assurer ensuite le transport à l'hôpital des cas les moins graves. Ils interviennent par conséquent lorsqu'une personne a besoin d'être rapidement transportée sans pour autant que son état nécessite une intervention médicale immédiate. Seul le SAMU est habilité à prendre en charge les cas de détresse vitale. Cependant, même dans ces cas-là, les pompiers sont mobilisés en renfort du SAMU. D'abord, parce que le maillage de leurs casernes dans Paris est bien plus serré que celui des SMUR. Elles sont plus nombreuses et la zone couverte par chacune est peu étendue, ce qui permet des temps d'intervention très courts. Les pompiers peuvent ainsi arriver plus vite et entreprendre, par exemple, un massage cardiaque ou bloquer une hémorragie en attendant l'équipe médicale. Par ailleurs, leur rôle est indispensable au brancardage de la victime. Évacuer quelqu'un par un escalier étroit, l'extraire d'un lieu contraint, remonter un brancard depuis un sous-sol : les pompiers sont entraînés quotidiennement pour être en condition physique de porter du poids, les médecins et personnels soignants n'étant évidemment pas recrutés sur ces critères-là.

Le médecin d'un laboratoire d'analyses médicales situé avenue de Saint-Ouen, dans le 17e arrondissement, appelle pour signaler qu'un prélèvement à domicile chez un patient de quatre-vingt-treize ans ayant un problème d'enzymes cardiaques n'a pas pu se faire car l'homme ne répond pas à l'interphone. Ce médecin s'inquiète. Sandra Legrand demande l'adresse du patient : « 12, avenue de Saint-Ouen. Mais attention, c'est dans le 18e, pas dans le 17e – Il y a un code ? – J'ai le code que m'a laissé l'infirmière. C'est le… » Sandra Legrand raccroche et explique en aparté : « Peut-être qu'il dort, ce monsieur, on va essayer de l'appeler. » Après plusieurs tentatives, il décroche enfin. Il était en effet endormi et n'a entendu aucune des sonneries. Un autre appel : « Mon amie a un problème avec son pied droit depuis hier et maintenant c'est la tête qui tire vers la droite… – Est-ce qu'elle a des problèmes de santé ? Est-ce qu'elle prend des médicaments ? – Du Valium… Elle a une dépression. – Son âge ? – Vingt-deux ans. » Le nom, l'adresse, le code, l'étage, la porte. Puis une femme appelle en expliquant : « Y a mon frère qui est très malade, on est au parc et il a vomi ! » Sandra

Legrand la questionne pour essayer de comprendre la situation. La communication est mauvaise, on entend mal. « Vous êtes dans quel parc, madame ? – Parc de La Muette, dans le 16e, avenue Raphaël. – À quel niveau de l'avenue ? – Je ne sais pas, on est au milieu du parc ! » L'échange se prolonge un peu avant d'être transmis à un médecin. Un nouvel appel, quelqu'un parle lentement, avec difficulté. « J'ai un lymphome. Et là, je n'arrive plus à avaler. – Quelle est votre adresse, madame ? – Je suis dans le 18e. Au 16, rue Ferdinand-Flocon. – Il y a un code ? – Le code à la porte c'est 18B56. On entre directement, je suis dans le bâtiment sur cour au troisième étage. Mais je ne peux pas marcher. – Vous pouvez ouvrir la porte, madame ? – Oui, ça oui. » La personne qui appelle ensuite est rue du Faubourg-du-Temple, dans le 10e arrondissement. « Il y a un code ? – Oui. Il faut sonner. – Il y a un code ou il faut sonner ?! – Faut faire défiler, y a des noms. – Quel nom, madame ? » Elle épelle avec hésitation, se reprend plusieurs fois. Sandra Legrand l'interroge : « C'est votre nom, madame ? » Celle-ci répond : « Non. Ce n'est pas mon nom. Parce que ce n'est pas chez moi. » Elle donne les noms, le sien et celui de la personne chez qui elle est, qui permettra de sonner au bon interphone et de la trouver en cas de déplacement d'une équipe médicale.

Puis un appel inaudible : « Monsieur ?... Je ne comprends pas ce que vous dites. Vous pouvez répéter ? Monsieur, vous êtes alcoolisé ?... Vous parlez quelle langue, monsieur ? » Pas de réponse, l'interlocuteur a raccroché.

Une femme dit qu'elle a « mal ». Elle est passée aux urgences une semaine auparavant, mais elle estime que son problème n'est pas résolu : « Ils ne me donnent que des médicaments pour me calmer les nerfs... C'était à Saint-Antoine. Non ! À Saint-Louis. » L'employé d'un hôtel des Champs-Élysées rappelle pour s'assurer que le docteur a bien compris ce que décrivait un client de l'établissement, étranger et parlant à peine français. Sandra Legrand le rassure : « Oui. Une ambulance arrive. » Un fax de nouveau. Puis : « Je m'arrête de respirer ! Je suis malade, je ne suis pas bien. Je n'arrive pas à respirer, madame, je suis malade. – Où êtes-vous, madame ? Quelle est votre adresse ? – 17, rue ... la rue *boutvik.* » Le nom ne correspond à aucune de celles référencées dans le logiciel du SAMU. Sandra Legrand fait répéter. Son interlocutrice cherche ses mots : « C'est à côté du métro Simplon. Je ne sais plus... C'est que je suis chez une amie. – Bon. Quel est votre nom ? Et votre âge ? » L'interrogatoire se poursuit : « Vous êtes à quel étage ? – Au deuxième droite. Euh… gauche, en fait. – Il y a un code ? – Y a pas, c'est le numéro 17 de la rue. » Sandra Legrand tente de faire épeler le nom de la rue : « Vous m'avez dit *boutvik*. Avec un b comme Bernard, madame ? – Oui… Je crois. – Un b ou un d ? Avec quoi après, un o, un a ? » Elle essaye plusieurs syllabes et le logiciel finit par proposer « Baudelique ». C'est cette rue-là. Après avoir transmis l'appel à un médecin régulateur, Sandra Legrand commente : « Sept minutes pour obtenir le nom de la rue ! S'il s'agit d'une vraie urgence, un délai pareil c'est terrible en termes de conséquences pour le malade. Parfois je me demande… Est-ce qu'ils pensent que je les vois ? Qu'on est comme *Les Experts* et qu'on les géolocalise instantanément ? On est perçus comme ayant des solutions à tout. Comme si c'était un peu magique… » Certes les appels au 15 sont localisés afin d'être dirigés vers le SAMU du département concerné, mais la technologie n'offre pas la possibilité d'obtenir instantanément les coordonnées exactes du lieu de l'appel.

Une jeune femme demande de l'aide pour son mari qui s'est blessé au crâne en heurtant violement un angle de placard. « Vous êtes dans quel arrondissement, madame ? Quelle est votre adresse ? – C'est dans le 19e, 8, rue Bernard-Tétu. Si elle n'existe pas la rue, c'est la rue de Cambrais… Je vous dis ça parce que c'est une nouvelle rue. – Il y a un code ? Un interphone ? » La jeune femme inverse les chiffres. Elle se reprend et précise : « C'est au troisième étage, mais l'ascenseur s'arrête au deuxième. » Un médecin du bloc endoscopie de l'hôpital Cochin appelle ensuite pour une demande de transport secondaire pour un patient qui « repart en réa médicale à Saint-Antoine ». Dans le lexique du SAMU, un « transport secondaire » désigne un transfert interhospitalier, c'est-à-dire le déplacement d'un patient déjà hospitalisé qui doit être conduit vers un autre établissement pour des soins ou des explorations spécifiques et qui a besoin d'une surveillance médicale continue. Ce type de déplacement est effectué sous la responsabilité d'un médecin SMUR pour les cas graves – les transports sanitaires non urgents sont coordonnés par le service central des ambulances de l'Assistance publique-Hôpitaux de Paris. Les SMUR garantissent ainsi une continuité des soins. Des ressources (compétences ; plateaux techniques…) dispersées en différents lieux sont rassemblées, le déplacement assure la continuité hospitalière en compensant la discontinuité territoriale de l'offre de soins.

Une aide-soignante décrit la dégradation brutale d'une dame de soixante-trois ans atteinte d'obésité morbide, pesant plus de 250 kilos. En enregistrant l'adresse, Sandra Legrand se rend compte que la personne réside au Pré-Saint-Gervais, en Seine-Saint-Denis. Tout en continuant de saisir les éléments d'information concernant la patiente, elle explique à son interlocutrice qu'elle va transférer l'appel au SAMU 93 : « Parce que là vous êtes au SAMU de Paris. Le Pré-Saint-Gervais est juste à la limite, votre portable a dû borner dans le 75. » Une fois le transfert effectué, elle commente : « Les SMUR bariatriques, c'est-à-dire adaptés aux obèses, ça n'existe pas. C'est toujours extrêmement compliqué le transport de ces personnes. Leur obésité les enferme à tous les niveaux, même pour leur prise en charge. Ça les exclut. » Un fax encore, puis deux personnes qui ont fait une erreur de numéro. Les pompiers appellent pour « une verte » dans le 10e arrondissement. Lorsque la régulation des pompiers, qui traite les appels au 18, reçoit une demande de secours nécessitant un avis médical, l'appel est transféré au SAMU via une ligne dédiée. C'est ce que l'on appelle une procédure verte. L'échange entre l'assistante de régulation et le pompier est fluide, concis. Sans qu'elle ait besoin de questionner, il énonce clairement le nom, l'âge et les coordonnées de la personne en détresse avant de décrire les symptômes. Sandra Legrand le remercie et met directement le patient, que le pompier avait fait attendre, en relation avec un médecin. Un autre appel : « Je suis malade, j'ai mal. – Vous appelez d'où, monsieur ? Quelle est votre adresse ? – J'habite au quartier arabe. – … C'est-à-dire, monsieur ? – Le quartier arabe. Barbès. Quand tu es au métro Barbès, tu montes et… » Sandra Legrand l'interrompt : « Il me faut une adresse, monsieur. » Silence, l'homme ne répond pas. Elle a reconnu sa voix, l'homme sollicite le SAMU plusieurs fois par semaine. Ils sont quelques-uns, comme lui, à appeler très régulièrement. Les assistants de régulation connaissent leur nom ainsi que certains détails de leur vie. Ils reconnaissent parfois leur voix. Le numéro de portable de cet homme est fiché, mais cette fois-ci il appelle d'un taxiphone. Sandra Legrand reprend la conversation. Un peu plus fermement, elle dit : « Monsieur, on vous connaît, vous appelez tout le temps. Je vais finir par vous envoyer la police à la place du docteur ! – Non, madame. Pourquoi la police ?… »

Les pompiers demandent « une verte » dans le 14e arrondissement. Un médecin généraliste sollicite une ambulance pour un transport aux urgences.

Quelqu'un appelle pour une crise d'hémorroïdes. Les pompiers de la caserne de Ménilmontant rappellent pour la dame obèse du Pré-Saint-Gervais. Un assistant de régulation s'efforce de rassurer une femme qu'il garde en ligne : « Ils arrivent, madame, ils arrivent. Ouvrez la porte de chez vous, les docteurs sont en train d'arriver. » Pendant ce temps, un médecin ironise sur les formules récurrentes, entendues de la bouche des malades : « J'ai le sang à la tête », « J'ai la chaleur dans le corps ». Les pompiers appellent pour « une verte » dans le 3e arrondissement. Un concierge appelle pour une personne qui s'est défenestrée du quatrième étage, tombée dans la cour de son immeuble. Puis le contrôleur d'un TGV effectuant la ligne Paris-Besançon, pour un homme fortement alcoolisé qui a fait un malaise. En effet, en plus des appels au 15 passés dans Paris, le SAMU 75 régule les demandes d'aide médicale urgentes en provenance des trains de la SNCF circulant dans toute la France et des avions des compagnies aériennes françaises en vol, partout dans le monde. Sandra Legrand passe l'appel au médecin régulateur, qui pose au contrôleur un certain nombre de questions concernant l'état du voyageur malade. Il demande dans quelle gare le train marquera son prochain arrêt pour pouvoir engager le SAMU du département concerné. Une équipe SMUR viendra attendre le patient à sa descente du train. Avant de raccrocher, le médecin demande au contrôleur de préciser dans quelle voiture se trouve le malade pour que l'équipe puisse se positionner en conséquence sur le quai. Un peu embarrassé, le contrôleur répond : « Eh bien, je l'ai installé au bar... » Dans la salle de régulation, tout le monde rit.

SITUER

Le SAMU de Paris occupe un bâtiment situé dans l'enceinte de l'hôpital Necker, dans le 15e arrondissement. L'hôpital universitaire Necker-Enfants malades, son nom l'indique, est un hôpital pédiatrique, mais il abrite également des services spécialisés pour adultes. Il s'étend entre le boulevard du Montparnasse et les rues de Sèvres et de Vaugirard. Créé à la fin du XVIIIe siècle en lieu et place d'un couvent de bénédictines, il s'est développé par additions successives au cours du temps. L'actuel bâtiment du SAMU a été construit au début des années 1990. « Avant nous étions dans des préfabriqués », précise un médecin. Il ajoute : « … à côté de la morgue. » L'immeuble regroupe sur quatre niveaux les bureaux et l'ensemble des locaux nécessaires au fonctionnement du service. La salle de régulation est au troisième étage. Il s'agit d'une pièce d'un peu plus de cent cinquante mètres carrés, sans cloisonnement, aménagée avec du mobilier modulaire. Des tables aux contours courbes sont assemblées de sorte à former des secteurs. Le plus important d'entre eux, celui qui occupe le plus de place, se déploie en arc de cercle sur toute la longueur de la pièce. Il accueille les postes de travail des médecins régulateurs et ceux des assistants de régulation médicale, placés en vis-à-vis d'un côté et de l'autre. C'est là que convergent les appels au 15 et c'est de là que sont déclenchés les départs en intervention. Les équipes se relaient vingt-quatre heures sur vingt-quatre, tous les jours de l'année. Les médecins sont trois pendant la journée (de 8 heures à 18 heures) et deux la nuit (de 18 heures à 8 heures). Parfois un pédiatre hospitalier vient en renfort. Les assistants de régulation sont cinq la journée et quatre la nuit. Lorsqu'on entre dans cette salle, la première fois, on est étonné. On la trouve petite. Au regard du nombre d'appels traités, plus de deux mille par jour en moyenne, on trouve aussi qu'ils ne sont pas si nombreux à y travailler. Tous les appels ne correspondent certes pas à des situations d'urgence. Parfois certains ne concernent même pas la médecine… Ceux-là ne donnent pas lieu à l'ouverture d'un dossier de régulation. Quand il s'agit d'un problème médical sans caractère d'urgence, la communication est transmise, non pas à un médecin régulateur du SAMU, mais à un médecin généraliste qui assure ce qu'on appelle la permanence des soins (PDS). Les médecins de la PDS prennent ponctuellement des gardes au SAMU, en parallèle à leur activité principale exercée en cabinet. À Paris, un quart environ des appels est dirigé vers ces médecins qui pratiquent une médecine de ville, mais à distance, depuis la salle de régulation du SAMU. À tout moment, si besoin, ils ont bien sûr la possibilité de rebasculer l'appel vers un régulateur du SAMU. Leurs postes de travail sont disposés en tulipe, ils dessinent un périmètre de taille réduite, en périphérie du secteur principal. Les médecins de la PDS sont deux le jour, un seul la nuit. Ils désengorgent le travail des régulateurs du SAMU, qui peuvent ainsi se consacrer aux demandes les plus graves.

Le principe d'un numéro national simple et connu de tous a installé la certitude, dans l'esprit de ceux qui composent le 15, qu'il y aura toujours quelqu'un pour décrocher, à n'importe quel moment. Cette personne qui répond quelles que soient les circonstances, c'est l'assistant de régulation médicale. Des énoncés lui arrivent en cascade, de manière aléatoire, sans hiérarchie. L'aspect le plus immédiatement visible de son travail, c'est le rôle de filtre qu'il exerce en effectuant un premier tri des appels, en évacuant les erreurs et en transmettant les demandes non urgentes à la PDS. « On est l'entonnoir », résume l'un d'entre eux. L'assistant de régulation fait face à la fois au nombre et à l'hétérogène. À partir d'énoncés souvent fragmentés, répétitifs et lacunaires, dont la cohérence peut être altérée par l'inquiétude ou la souffrance, il est le premier à poser un cadre sur le discours de celui qui appelle. Il initie un ordre. Pascaline Martinez a longtemps été aide-soignante, depuis maintenant plusieurs années elle est assistante de régulation médicale. Elle explique : « Le travail, c'est d'organiser l'appel de A à Z. Il y a une chronologie. Le plus important, c'est la localisation. On demande l'arrondissement, puis l'adresse, les codes d'accès, les indications sur l'étage, l'escalier, etc. Après, qui appelle ? : c'est le patient lui-même, c'est quelqu'un de la famille ? Son nom, son âge. Et puis depuis combien de temps ça dure ? Qu'est-ce qui a déclenché la détresse ? On demande aussi s'il y a des pathologies chroniques, des traitements. Il y a une chronologie de l'interrogatoire. C'est une logique. » Le protocole qu'elle décrit fixe l'indication de lieu au premier rang des informations à obtenir. Parce que savoir où se situe la situation d'urgence, c'est pouvoir intervenir médicalement quoi qu'il arrive. Si la communication est interrompue, si la personne qui appelle vient à perdre connaissance, par exemple, il sera toujours possible d'envoyer une équipe sur place. Le protocole qui règle la séquence d'entrée de la prise en charge rappelle combien le fonctionnement du SAMU repose sur un principe d'imbrication entre médecine et territoire. Cette imbrication, dans l'instant de l'appel, passe par le langage. Pascaline Martinez raconte : « Un jour, je reçois un appel d'une femme en panique, qui hurle : "Je viens de faire tomber mon bébé, il a les yeux ouverts, il ne bouge plus." Première chose, je lui demande : "Madame, il est où ? Quelle est votre adresse ?" Elle hurlait, elle pleurait, elle répétait : "Venez vite", mais elle ne se localisait pas. Il était tombé de la table à langer dans la baignoire, il ne réagissait plus. Dans un cas comme celui-là, il faut immédiatement avoir l'adresse et faire très attention, être sûre d'avoir tout bien compris, bien entendu. L'arrondissement d'abord, puis l'adresse. Elle a fini par réussir à le dire. Pour éviter la confusion, dans ces cas-là, je ne fais pas de phrase. Je dis : "Arrondissement, madame, arrondissement ?" ; "Adresse ?" ; "Code ?" Une fois que tu as ça, les secours partent et tu peux continuer l'interrogatoire. »

Dans le premier moment de la prise en charge, l'assistant de régulation apparaît en définitive comme un personnage qui situe des êtres dans la ville.

Le signalement du lieu de l'urgence crée une incandescence qui perce la carte. Les adresses égrenées sont autant de points qui entrent en vibration, plus ou moins longtemps, avec plus ou moins d'intensité et avec des réverbérations plus ou moins amples. Des noms de rues, de lieux publics, des éléments d'infrastructure, des halls, des portes, des escaliers restituent une matière. Tantôt on entre dans la profondeur du bâti, tantôt on descend jusque dans les sous-sols, dans les tunnels du métro, les parkings. Parfois on reste à la surface, sur un trottoir. La superposition des appels, ajoutée au fait qu'ils se succèdent en continu, réactualise sans cesse la géographie. À l'inverse d'un panorama surplombant et figé, le Paris qui prend corps en salle de régulation bouge, se dilate, n'est ni stable ni homogène. C'est une ville souple, sujette à des appréciations changeantes. Les différents secteurs ne se manifestent ni aux mêmes moments, ni aux mêmes fréquences. Certains lieux apparaissent peu, comme des trous dans la topographie. La ville reconstituée par les voix à travers le téléphone revêt l'apparence d'une membrane dont on suit les modulations. L'assistant de régulation situe des êtres dans la ville, il les situe spatialement mais aussi dans leur existence sociale. La localisation est densifiée par des indices relatifs à la manière dont les gens vivent. L'assistant demande une adresse et on lui répond en évoquant le quartier (« pas loin du métro », « à l'intersection de telle et telle rues »), il cherche à obtenir les codes d'accès à l'immeuble et la réponse qui lui est donnée porte sur des usages, sur une façon de recevoir chez soi (« je regarde par la fenêtre et quand je les vois arriver, je leur ouvre »). Le relief de l'existence de chacun travaille en arrière-plan. Le « c'est tout comme » en réponse à « c'est votre mari, madame ? » laisse entrevoir l'épaisseur d'une histoire personnelle qui ne se laisse pas complètement réduire aux critères normatifs du registre d'état civil.

L'urgence médicale s'inscrit dans un lieu en même temps qu'elle est imbriquée dans une situation. Une trame contextuelle, une sorte de cartographie chaude, se surajoute aux noms de rue, aux cours d'immeuble, aux stations de RER.

Dans la salle de régulation, deux grands plans de Paris de deux mètres par deux sont affichés aux murs. C'est la ville du géographe. Les deux plans sont plastifiés, on peut écrire par-dessus au feutre effaçable. Parfois, lorsque des manifestations ou des rassemblements publics d'envergure sont prévus, des zones sont hachurées pour délimiter un périmètre potentiellement « à risque ». D'autres objets retiennent l'attention. En haut du mur, au fond de la salle, il y a des horloges réglées sur différents fuseaux horaires. Au centre de la pièce, des écrans sont suspendus au plafond. Sur l'un d'entre eux apparaissent des données chiffrées, relatives à l'activité du service en temps réel. Nombre d'appels reçus, nombre de dossiers de régulation ouverts, temps d'attente, nombre d'interventions déclenchées. Ces informations s'affichent en valeur absolue, elles sont également traduites en pourcentages et sous la forme de représentations graphiques enregistrant les évolutions. Les plans, les horloges, de même que les tableaux et les courbes affichés à l'écran ont en commun d'être du côté du repérable, du quantifiable, du classable. Rarement les médecins et les assistants de régulation y prêtent attention. Parfois, lorsque les appels s'espacent, que l'activité ralentit, certains lèvent les yeux vers l'écran et commentent les informations enregistrées. D'autres, pour se distraire, cherchent une rue sur l'un des plans. Mais dans l'ensemble, ces objets ne sont pas indispensables à l'exercice des métiers de la régulation. Toutefois, s'ils n'ont presque pas d'utilité pratique, ils contribuent par leur présence à produire un effet de cadre dans un contexte qui en offre peu. L'activité qui se déploie en salle de régulation s'indexe sur les caractéristiques de l'urgence, c'est-à-dire sur l'imprévisible et l'aléatoire, sur ce qui déborde. Un plan, un graphique, une horloge donnent au contraire le sentiment d'un terrain maîtrisé. Alors, entre la cartographie chaude qui palpite dans la pièce et les indices matériels qui, dans cette même pièce, expriment une aspiration à l'ordonnancement, il se tisse un rapport mettant en jeu ordre et désordre, stable et instable, sûr et éventuel.

« Paris, c'est petit. » Christiane Peyret est médecin. Depuis 1989, elle travaille au SAMU et dans l'un des SMUR parisiens. Elle aussi a en tête une carte de Paris. « Paris, c'est petit, c'est seulement cent huit kilomètres carrés. Mais dans ce périmètre, c'est très dense, il y a plein de choses. Il y a trois cents stations de métro, tous les ministères, toutes les ambassades… et beaucoup de gens : deux millions et demi la nuit et entre six et neuf millions le jour. » Elle s'interrompt, elle voudrait s'y prendre autrement pour décrire la ville. Elle reprend :

« Il y a trente ans, les Halles, c'était l'arrêt cardiaque chez les jeunes. On les retrouvait dans les toilettes Decaux et dans les cabines téléphoniques. C'étaient des overdoses. Aujourd'hui ça a changé, en lien avec les produits. Les nouvelles drogues ne provoquent pas le même type de dégâts. À cette époque, c'était l'héroïne. On savait que les Halles, c'était ça. Ce qui était également très caractéristique, dans ces années-là, c'est qu'il ne se passait pas une nuit sans qu'il y ait un carton sur le périphérique. Ils faisaient des courses de moto à plus de 180 kilomètres-heure et il y avait encore des glissières de sécurité métalliques. À cette vitesse-là, elles sont tranchantes comme des lames de rasoir. C'était catastrophique, on retrouvait des bras, des jambes, 100 mètres plus loin. » Christiane Peyret commence par dire que Paris est petit, parce qu'il faut rendre la ville petite pour la saisir en entier. C'est le point de vue du plan affiché au mur. Le regard quadrille le terrain. Elle poursuit en convoquant des données chiffrées, totalisantes : le nombre de stations de métro, le nombre de gens, « tous » les ministères, etc. Finalement elle renonce à cette description de la ville, sans doute parce qu'elle sait qu'on ne domine pas Paris du regard. On ne l'embrasse pas d'un seul coup d'œil. Alors elle déroule le paysage autrement. Par morceaux. Le centre et le contour. Un point et une ligne. Le schéma est bien connu, depuis les premières enceintes : un Paris circulaire avec les Halles au milieu, le « ventre de Paris ». Les repères sont stables. Ils ont fini par se confondre avec des catégories génériques, les Halles renvoyant immanquablement au centre et le boulevard périphérique aux limites de la ville. Cette représentation éculée, Christiane Peyret la reprend en même temps qu'elle l'ébranle un peu. Elle lui insuffle du mouvement parce qu'elle rend les lieux présents en décrivant la façon dont ils sont investis, les conduites qui les animent. Leur dimension matérielle n'est pas occultée, elle existe notamment à travers des éléments de mobilier urbain. Mais les glissières de sécurité, les sanitaires publics ou les cabines téléphoniques ne font sens que par rapport aux corps qui s'y heurtent ou qui y tombent.

Christiane Peyret jette un coup d'œil à sa montre, il lui reste encore un peu de temps avant sa garde de nuit. Elle rajoute un sucre dans son thé avant de poursuivre : « Les quartiers ont leurs spécificités, mais ces dernières années les disparités entre les arrondissements se sont atténuées. Dans Paris, les quartiers où vivaient par le passé des gens qui n'avaient pas de culture médicale, qui étaient sous-soignés, ce sont maintenant des quartiers bobos, comme le 20e. Auparavant, les arrondissements du nord-est étaient très marqués, par exemple, par des accouchements problématiques à domicile. Parce que la mère avait six ou sept enfants à la maison et qu'elle ne pouvait pas les laisser seuls, parce qu'elle était souvent peu ou pas suivie médicalement… Bien sûr, aujourd'hui des différences perdurent, mais c'est moins tranché qu'avant. Et puis surtout, il ne faut pas penser de façon trop figée. Il ne faut pas croire qu'il n'y a pas de pauvreté dans les beaux quartiers. On a tous fait des interventions dans des taudis minuscules et sordides dans le 16e arrondissement. Un jour, nous avons été appelés dans le 6e. Au cœur de Saint-Germain-des-Prés, on s'attend à des populations au moins aisées. Sauf que là, les gens vivaient dans la cave. L'immeuble était bourgeois, mais des gens vivaient dans cette cave, dans une misère indescriptible. Inversement, gare du Nord, ce n'est pas nécessairement la précarité, surtout s'il s'agit d'un malaise ou d'un accident sur la voie publique. Pour les interventions à domicile, l'adresse peut donner quelques indications. C'est moins vrai pour la voie publique parce que les gens se déplacent et que lorsqu'ils vont mal, ce n'est pas toujours à cinquante mètres de chez eux. »

Des correspondances sont posées entre des catégories de lieux et des catégories de gens, entre des catégories de gens et des catégories de détresses. Des classes d'âge, des classes sociales et des pathologies associées sont réparties à l'intérieur de périmètres administratifs. Arrondissements, quartiers. Des connotations qualifient tel secteur, des comportements stéréotypés identifient telle population. Un Paris ordonné prend forme par emboîtement d'ensembles homogènes. Mais, toujours, quelque chose bouge. *Il ne faut pas croire que...* Sitôt qu'elle esquisse un agencement général, Christiane Peyret le défait. Un détail, un changement d'angle, de temporalité, et la situation est renversée. La ville devient moins nette. Le plan s'éloigne de la métrique du géomètre, de la logique classificatoire du démographe. Les démarcations se troublent, les lignes se diluent en halos. Les formes fixes n'apparaissent en définitive que comme des conventions, qui ne servent qu'à cadrer le discours (et sans doute la pratique). Elles constituent ce qui pourrait s'apparenter à une toile de fond de basse intensité. Sur cette toile, les effets de relief, les inflexions qui donnent du grain au dessin proviennent au contraire de ce qui est non assignable, de ce qui se transforme. C'est la carte d'une ville éprouvée, qui répercute les traces d'expériences multiples. Christiane Peyret est à l'intérieur du paysage dont elle parle. Elle ne se tient pas debout face à un plan qu'elle décrirait. Il ne s'agit pas d'un regard qui observe un motif, il s'agit d'un regard qui est dans le motif et qui, à la manière de l'œil humain, travaille en accommodant en permanence. Christiane Peyret restitue Paris par réajustements constants.

ENTENDRE, C'EST VOIR

« Monsieur, je suis le médecin. C'est votre mère qui vous inquiète ?… Vous pensez qu'elle est presque morte. Elle a les yeux ouverts, monsieur ?… Elle respire ?… Vous pensez qu'elle respire, monsieur ?… Est-ce que vous voyez le thorax qui bouge, est-ce que la poitrine se soulève ?… Vous pouvez approcher le téléphone de sa bouche pour que j'entende, s'il vous plaît ? »

Dans la salle de régulation, on ne voit rien de l'urgence. On entend seulement. Le médecin est plongé dans ce qu'on lui dit, dans les bruits qui lui parviennent. Il écoute des récits et des corps. Il est à distance, mais fait incontestablement partie de la scène. Il questionne, il fait décrire, il fait faire. Chaque appel est une situation sonore dans laquelle il s'engage, avec d'autant plus de nécessité qu'il ne dispose que de cela pour travailler. La salle de régulation crée un environnement perceptif particulier qui modifie la pratique médicale dans ce qu'elle a de plus fondamental. Un médecin le rappelle : « Un malade, ça se voit, ça se touche. La médecine, c'est un métier tactile, c'est un métier sensoriel. » En régulation, l'amputation des sens bouleverse l'examen clinique. On ne voit pas les corps, on ne les touche pas. Pourtant l'examen reste sensoriel. Extrêmement même, tant la vigilance auditive est exacerbée. Le médecin est particulièrement à l'affût. Ne rien voir renforce l'état de veille. On est d'autant plus aux aguets que l'on ne voit pas, comme lorsqu'on avance en marchant dans le noir. Le climat de la salle de régulation s'apparente à celui d'une nuit perpétuelle. Faute de visibilité, on ne prévoit rien, on se tient prêt à réagir à l'inconnu, à l'inattendu, au surgissement. L'urgence n'est annoncée par rien, elle survient. En régulation, on se montre par nécessité sensible à la rumeur du monde.

Au centre de la salle, suspendu au plafond, à côté de l'écran qui rend compte de l'activité du service heure par heure, un autre écran diffuse des émissions de télévision. Le son est coupé. La plupart du temps, le canal est réglé sur celui d'une des chaînes d'information continue. Une médecin dit : « Quand on est au SAMU de Paris, on doit savoir ce qui se passe dans le monde. » Elle n'explique pas pourquoi. Comme s'il fallait garder un œil sur l'extérieur, un œil qu'ils n'ont pas. Comme s'il fallait compenser. La télévision permettrait de récupérer un peu de ce qui a été perdu par le regard.

L'urgence lourde est facilement repérable et déclenche immédiatement l'envoi d'une unité mobile de réanimation, le camion SMUR. Mais en dehors des situations d'urgence absolue évidentes, le médecin régulateur est face à un large prisme de sollicitations. « La difficulté n'est pas de tenir dix heures au téléphone. On est habitués. Le plus dur, c'est la pression parce qu'on est en permanence entre des choses pas graves, des choses qui ne semblent pas l'être mais qui en réalité le sont, des choses qui semblent l'être et qui ne le sont pas. » C'est le bruit de fond de la ville, un bruit de fond auquel le médecin doit porter une attention constante. Dans l'entrelacs des récits, il reste en éveil. Il cherche l'indice de gravité, le signe qui indiquera que le pronostic vital est possiblement en jeu. Le détail, le signe, l'indice. La médecine est une discipline indicielle. On ne voit jamais directement la maladie. Ce que l'on constate, ce sont les symptômes, c'est-à-dire des indices de la maladie. Les symptômes, en régulation, on ne peut que les entendre. Une femme appelle pour son mari. Elle commence à décrire son état, le médecin l'interrompt : « Il a du mal à respirer ? Passez-le-moi, je veux lui parler... Depuis quand êtes-vous gêné pour respirer, monsieur ? » L'homme répond : « Je suis essoufflé, mon docteur m'a donné deux soufflets, un marron et un bleu... C'était hier. Mais là, même avec ça... Je n'y arrive pas. » Le médecin lui demande s'il tousse. Il tousse, oui. « Vous ressentez une douleur ? – Non. À part mes reins et puis mon diabète, c'est tout. – Vous êtes diabétique ? Vous avez pris votre taux de sucre aujourd'hui ? – Non, pas encore. » La difficulté respiratoire peut être due à une affection des poumons ou du cœur. Chez les diabétiques, le risque de maladie cardiaque est plus élevé que chez les autres personnes. De plus, le sucre dans le sang altère le fonctionnement des nerfs et peut rendre moins intense, voire absente, la douleur thoracique caractéristique de l'infarctus. D'où l'orientation que le médecin donne à l'interrogatoire. Il reprend : « Bon, vous pouvez tousser, là, s'il vous plaît ? » Il écoute la toux, puis refait parler l'homme. Le graillement dans la voix s'est estompé, le médecin en déduit que « c'est plutôt respiratoire que cardio ».

Soigner, c'est avoir prise sur un corps, et au téléphone c'est d'abord le langage qui rend cette prise possible. *Passez-le-moi, je veux lui parler* marque l'importance d'un accès direct à la personne. Sans intermédiaire. Pour réduire la distance. Le médecin impose un mode de relation qui le place au plus près du souffle, du graillement dans la voix, de la toux, des reins, du sucre dans le sang. Les indices rassemblés ramènent au corps anatomique. C'est un corps composé, un peu âpre, qui se manifeste partie par partie. Il s'agit de textures, d'organes, de fluides. Une jeune femme de vingt-six ans appelle, elle décrit d'importants saignements. Elle parle à mi-voix, lentement. Elle est enceinte de onze semaines. Elle répète que les saignements sont abondants. Le médecin : « Abondants comment ? » Silence. Elle ne sait pas dire. Le médecin reprend, il se met lui aussi à parler plus bas, plus lentement : « Madame, vous devez changer de protection hygiénique à quel intervalle de temps ? Toutes les heures ? Toutes les demi-heures ? » Elle répond. « Et le sang, il est de quelle couleur ? Rouge clair ? Rouge foncé ? Il y a des caillots ? » Elle répond. Le médecin : « On va devoir vous faire un examen médical. Il faut qu'on le fasse à l'hôpital, c'est pourquoi on va venir vous chercher, vous comprenez ? » Elle répond oui. Avant de raccrocher, il ajoute : « On est bien d'accord, madame, qu'il est possible que ce soit une fausse couche qui commence ? » D'un filet de voix, elle répond oui.

L'être charnel remplit l'espace de l'appel. Il émerge de la trame qui se construit dans un va-et-vient entre ce que livre le patient et ce que va chercher le médecin. Des parties de corps, des sensations s'empilent, en prenant appui sur des objets ordinaires. Un soufflet bleu, une protection périodique. Ces objets produisent un effet de réel immédiat parce qu'ils ancrent le récit dans un banal commun. Ils contextualisent et matérialisent l'information de la manière la plus concrète qui soit. On *voit* de quoi il s'agit. Ce sont des moments où le langage bascule dans l'image. Il y a ces objets. Il y a le fait que l'on demande à celui qui parle de décrire ce qu'il a sous les yeux. Et puis il y a la langue dans laquelle et par laquelle la scène prend corps, une langue figurative qui produit un instantané. Au téléphone, la détresse est toujours une détresse racontée, mais c'est un énoncé qui inscrit la situation dans des figures du visible. Le médecin réceptionne une histoire dont il doit dénouer l'énigme. Un mot, un bruit : immanquablement l'esprit prolonge, fabrique une suite. Des hypothèses de diagnostic se dessinent, se précisent ou s'annulent. Des possibles s'envisagent. On est dans l'espace des variations imaginatives, jusqu'à ce que soit débusqué le détail, l'élément décisif qui arrête l'image, qui la stabilise et la cadre. Les médecins parlent de tableau. « Quel est le tableau ? » demandent-ils pour s'enquérir d'un cas traité par un collègue. Ils disent aussi avoir « un œil sur la population », ou ne pas « y voir clair » lorsqu'ils hésitent. Autant de formulations qui renvoient à une reconquête permanente du regard.

Un assistant de régulation transmet un appel à un médecin : « Douleurs dans la poitrine au niveau du cœur. » Il ajoute : « Mais c'est une vieille dame qui tient des propos incohérents. » Le médecin : « Une vieille dame qui tient des propos incohérents ? Passe-la-moi, ça va me rappeler ma mère ! » L'instant d'après : « Docteur, j'ai l'impression que les microbes sont en train de ronger mon cœur. – Essayez de me décrire votre douleur, madame. Ça serre ? Ça brûle ? Ça pique ? – Ça ronge le cœur. – Bon. Vous prenez quoi comme traitement, madame ? – De l'aspirine, évidemment. – Pourquoi "évidemment" ? – Parce que, il faut que je vous dise, je ne suis pas raisonnable. Je ne prends pas mon Symbicort*. Je ne veux pas en prendre parce

* Le Symbicort est un médicament associant un corticoïde et un bronchodilatateur.

que mon père prenait de la cortisone et… – Écoutez, madame, vous êtes seule à la maison ? – Oui. – Alors vous allez ouvrir votre porte, on va venir vous voir. – Ah… Eh bien, vous voyez, vous me faites plaisir, vous me rassurez… » Chacun est malade en fonction des représentations qu'il se fait de la maladie. Ici, le médecin ne disqualifie pas le système explicatif de la vieille dame, il ne rejette pas dans l'irrationnel l'interprétation qu'elle donne du mal qui l'affecte. Il accepte les microbes « qui rongent le cœur » comme point de départ de l'échange. Il entre ainsi dans la relation, pour pouvoir avancer dans le diagnostic. La vieille dame raccroche, le médecin reprend l'assistant pour lui signifier sa décision et engager la prise en charge : « Je n'y crois pas beaucoup à sa douleur cardiaque. Dans un premier temps on lui envoie les pompiers, pour voir. »

Pour voir. En fin d'après-midi, une série d'appels au 15 a été déclenchée par des flammes spectaculaires et une épaisse fumée noire à Pantin, aux limites de Paris. Tandis que les assistants traitent ces témoignages, un médecin s'adresse à eux collectivement : « Ça se voit du périph ? » L'un des assistants répond : « Oui. On a des appels du 19e et du 20e arrondissements. » Le médecin : « Essayez de savoir de quel type de bâtiments il s'agit. » Plus bas, il ajoute : « S'il s'agit d'entrepôts vides, ça réduit le nombre potentiel de blessés. S'il s'agit d'habitations, c'est autre chose… » Il se tourne vers l'assistant en charge des liaisons radio avec les véhicules d'intervention : « Qu'est-ce qu'on a comme SMUR dans le coin ? » L'assistant regarde son écran d'ordinateur, où sont localisés sur un plan tous les véhicules du SMUR 75. Ils sont représentés par des points de couleur qui se déplacent. Les points bleus identifient ceux qui se rendent sur les lieux d'une urgence, les rouges ceux qui sont occupés, en cours d'intervention, les jaunes ceux qui ont terminé et qui regagnent leur base, les verts ceux qui sont disponibles, à l'arrêt à la base. L'assistant regarde son écran et répond : « Lariboisière. Ils ont fini, ils rentrent, là ils sont boulevard Macdonald. » Le médecin : « Tu peux les appeler ? Ne les envoie pas, mais demande-leur de faire juste un crochet en rentrant, pour voir. »

Envoyer des moyens mobiles « pour voir », c'est sortir de la pièce. Il ne s'agit pas encore d'intervenir mais d'aller chercher un regard. L'équipe SMUR est allée voir. L'incendie se propage dans une zone industrielle, dans des hangars. Dans la salle de régulation, la tension retombe un peu. Peu après, les assistants obtiennent confirmation du centre opérationnel des pompiers. Il s'agit d'une usine, une usine de tissu déserte à cette heure-ci. Quelques commentaires, des remarques sur les pompiers : « S'il y a bien une chose qu'on leur laisse faire sans discuter, c'est éteindre un feu… » Puis : « Vous avez vu ? Pendant un moment, leur état-major ne savait pas dire de quoi il s'agissait. On a été informés avant eux. Pourtant ils avaient déjà des hommes sur place en intervention. On a su que c'était un feu industriel avant que ça remonte à leur état-major. » L'événement perd peu à peu de son intensité, recouvert par d'autres appels pour d'autres motifs. Jusqu'à ce qu'un assistant pivote sur son siège en montrant l'écran de télévision au-dessus de lui : « Ça y est, ça passe à la télé ! » Sur l'écran, des images de l'incendie défilent. Elles pénètrent dans la pièce. Avec un décalage d'une vingtaine de minutes, les chaînes d'information se sont emparées du sujet, évoquant un feu de grande ampleur « visible à des kilomètres à la ronde ». Les images filmées collent à celles qui ont été dites précédemment, qui ont été rapportées, imaginées. Dans une temporalité entrecoupée, un montage de fragments composites restitue l'incendie.

Plus tard encore, en début de soirée, un médecin du SMUR Necker qui revient d'intervention entre dans la salle de régulation. En quittant l'hôpital Cochin où son équipe avait déposé un patient, il a croisé sur le parking un livreur de sushis, les yeux rivés à son smartphone. Le jeune homme poussait des cris d'exclamation, l'un de ses collègues en livraison au nord de Paris venait de lui envoyer par SMS une vidéo de l'incendie de Pantin. Le médecin raconte s'être approché du garçon et avoir engagé la conversation. Il conclut : « L'incendie de Pantin, je l'ai vu dans le 14e, à Cochin, sur un téléphone... » Du boulevard périphérique à un écran de téléphone portable, des êtres et des instruments qui se déplacent modèlent un champ de vision tantôt étendu, tantôt rétracté. Paris est saisi par variations de focale, la salle de régulation devient un lieu de visions entrecroisées – jusqu'à l'invisible de l'infiniment petit puisqu'on y parle aussi de *microbes qui rongent le cœur.* Il y a du grossissement et du rétrécissement, du discontinu, du répétitif. La circulation des énoncés et des cadrages, les ramifications révélées par la pluralité des interlocuteurs et de leurs trajectoires rendent compte en définitive de l'inépuisable multiplicité du réel.

LE CAMION

Celui qui sort dans la ville, c'est le véhicule SMUR. Les équipes disent « le camion ». À Paris, les camions sont répartis entre l'hôpital Necker et La Pitié-Salpêtrière au sud, l'Hôtel-Dieu au centre et l'hôpital Lariboisière au nord. À l'hôpital Robert-Debré, au nord, il y a un véhicule pédiatrique adapté aux nouveau-nés en détresse. Ces unités mobiles hospitalières composent le SMUR 75. Pour les distinguer, elles sont désignées par le nom de l'hôpital où elles sont basées et par un numéro. Le SMUR Necker dispose de quatre camions la journée et de trois la nuit, ainsi que d'un véhicule pédiatrique. On parle de Necker 01, Necker 02, etc. Le SMUR Pitié-Salpêtrière fonctionne avec deux camions le jour et un la nuit, l'Hôtel-Dieu et Lariboisière en ont un chacun de jour comme de nuit. Il y a donc entre huit et six unités mobiles d'urgence et de réanimation qui, associées aux deux véhicules pédiatriques, quadrillent potentiellement Paris.

Dans la géographie du SAMU de Paris, l'hôpital Necker occupe une position particulière. C'est l'épicentre de la structure, où se situe son siège, où se situent également la salle de régulation et le SMUR Necker, numériquement supérieur aux autres SMUR parisiens. Le directeur médical du SAMU de Paris est par ailleurs, systématiquement, le chef du service anesthésie-réanimation de l'hôpital Necker. À ce propos, il est important de rappeler le lien historique entre les SAMU et la réanimation. Au tout début de l'histoire des SAMU, dans les années 1960-1970, les médecins qui y sont engagés sont en effet presque tous des anesthésistes-réanimateurs car ils sont alors les seuls à maîtriser les techniques de réanimation d'urgence. La médecine d'urgence n'est pas encore à cette époque une spécialité médicale à part entière. Elle ne commence à exister comme telle qu'à partir de 1986 avec la création de la capacité d'aide médicale urgente et il faut attendre 2004 pour qu'elle devienne une discipline universitaire et que des médecins ayant reçu cette formation d'urgentiste intègrent les SAMU.

La place centrale de Necker dans le fonctionnement du SAMU de Paris s'explique aussi par l'histoire de cet hôpital et de la recherche médicale qui y a été menée. Dans les années 1950, une grave épidémie de poliomyélite s'est répandue en France, depuis le nord de l'Europe. La maladie, très contagieuse, entraînait des paralysies irréversibles et, lorsqu'elles atteignaient l'appareil respiratoire, les patients mouraient par asphyxie. Le contexte pousse la recherche à avancer, notamment dans le domaine de la physique médicale où sont mis au point des respirateurs automatiques beaucoup plus efficaces que ceux qui existaient jusque-là. Mais très peu d'hôpitaux en sont dotés. Des expérimentations sont donc entreprises pour transporter les malades vers ces établissements-là. Cela nécessite d'améliorer les compétences pour stabiliser l'état cardio-respiratoire du patient avant son transport, cela nécessite aussi d'inventer du matériel portatif performant. À Paris, c'est au sein du laboratoire expérimental de physique de l'Assistance publique que sont menées ces expérimentations et il se trouve que ce laboratoire est situé dans l'un des bâtiments de l'hôpital Necker, à proximité immédiate du bureau des ambulances. La position centrale qu'occupe encore aujourd'hui l'hôpital Necker dans l'organisation du SAMU de Paris s'explique ainsi par la configuration historique des lieux.

Entre six et huit unités mobiles d'urgence et de réanimation quadrillent donc potentiellement Paris. Lorsqu'une intervention est déclenchée, trois personnes partent. L'ambulancier bien sûr, qui conduit. Le médecin transporteur, qui est anesthésiste-réanimateur ou urgentiste. L'infirmier, qui est infirmier anesthésiste, spécialisé dans les techniques d'anesthésie et de réanimation. Outre ces trois personnes, il y a parfois un externe, étudiant en cinquième année de médecine. Jacques Fadrin est ambulancier au SMUR Necker. Il dit : « La route, c'est moi », puis : « Dans notre métier, la base, c'est de savoir conduire vite et de savoir où aller. Donc, c'est la conduite et la carte. » Le SMUR Necker est au rez-de-chaussée du bâtiment du SAMU. Les véhicules sont garés sur le pourtour d'une cour goudronnée, délimitée par la forme en L du bâtiment. Le bureau des ambulanciers et celui des infirmiers sont de plain-pied, à l'arrière, dans le prolongement des emplacements des camions. Les espaces de stockage du matériel et des médicaments, dont l'intendance est assurée par des aides-soignants, sont également situés à l'arrière des « garages ». Cette proximité facilite le réapprovisionnement des véhicules à chaque retour. Entre deux interventions, lorsqu'ils ont « refait » leur camion, les infirmiers et les ambulanciers se reposent un peu. En attendant d'être bipés pour le prochain départ, ils prennent un café, discutent. La nuit, ils peuvent dormir un moment. Lorsqu'il fait beau, il arrive qu'ils sortent quelques sièges dans la cour.

Jacques Fadrin a longtemps travaillé dans une société d'ambulances privées. « Quand je suis arrivé au SMUR, je connaissais bien le métier. Et je connaissais bien Paris. Dans le camion, si tu as un médecin qui connaît bien la ville, tant mieux pour toi. Sinon, tu es seul responsable de l'itinéraire. Donc la carte, il faut la connaître. Quand j'ai commencé, on avait seulement le plan. La meilleure façon d'apprendre à connaître la ville, c'est le plan, à différentes échelles. On avait des cartes du relief aussi pendant notre formation. Les jeunes sont moins formés à cela parce qu'il y a le GPS. » Il poursuit : « Moi, je n'aime pas l'appareil qui va me dire : "Tournez à droite", "Tournez à gauche", "À la prochaine intersection, vous prendrez telle rue". Moi, je regarde mon plan et je tourne où je veux ! » Roxane Roussel est aussi ambulancière au SMUR Necker. Elle intervient : « De toute façon on va plus vite que le

GPS, donc il ne sert à rien. Il n'a même pas le temps de nous localiser qu'on est déjà arrivés… » Jacques Fadrin reprend : « Paris, je l'ai dans la tête. Je ne prétends pas connaître toutes les petites rues, mais les rues principales je les connais. J'ai mes trucs dans ma tête. On me dit Bichat, je vois l'avenue de Saint-Ouen, les rues pour y arriver. » Roxane Roussel acquiesce : « Ceux qui sont là depuis vingt-cinq ans connaissent vraiment presque toutes les rues. Moi, j'en connais beaucoup, mais pas toutes. Alors avant de partir je jette un œil au plan pour voir la direction, pour vérifier. » Roxane Roussel a trente ans, une tour Eiffel miniature rose fluorescent est accrochée à la fermeture Éclair de son uniforme blanc, dans le dos duquel il est inscrit *SAMU de Paris* en bleu foncé. Plus jeune, elle a été pilote automobile semi-professionnelle. Elle sourit, elle dit : « On a tous des antécédents. »

Au déclenchement de l'intervention, le premier enjeu est d'arriver très vite sur les lieux. Dans ce moment-là, le territoire à parcourir est envisagé en termes d'intervalle de temps. Cette conversion de l'espace en durée n'est pas spécifique à l'urgence médicale, elle est intrinsèque à la notion de déplacement en général. Mais dans le contexte du SAMU, elle prend un caractère décisif car ce qui se joue se mesure en chances de survie pour la personne à secourir. L'épidémie de poliomyélite des années 1950 a conduit à poser les règles de base du transport médicalisé des patients à haut risque. C'est ensuite un autre contexte qui accélère la généralisation et l'organisation des SAMU à l'échelle nationale, le contexte des années 1970 où les accidents de la route constituent un véritable fléau tant ils ont des effets meurtriers massifs. À cette époque il y a en France dix mille tués sur les routes chaque année, plus de quinze mille si l'on compte ceux qui ne meurent pas sur le coup mais dans les jours suivants. On constate surtout un nombre considérable de décès pendant le transport vers l'hôpital : « Le trajet tue », résume un médecin. Pour appuyer son propos, il convoque le film de Claude Sautet, *Les Choses de la vie*, sorti en 1970, où le personnage interprété par Michel Piccoli est victime d'un grave accident de voiture : « Souvenez-vous, il y a cette scène où il arrive sur un brancard après avoir été déposé à l'hôpital par police-secours. Dans un couloir, en se penchant sur lui, le chirurgien dépité déclare : "Mais que voulez-vous que je fasse de lui ?" C'était exactement ce qui se passait. Les patients arrivaient trop tard. » C'est face à ce constat que s'impose l'idée d'aller soigner les gens sur les lieux de l'accident. Intervenir médicalement le plus tôt possible devient le principal enjeu. On dit alors qu'il s'agit d'amorcer la médicalisation du blessé « au pied de l'arbre », en référence aux voitures encastrées dans les platanes qui bordent les nationales.

Ne pas attendre, l'idée est très ancienne. Dès l'Antiquité, Hippocrate évoque déjà la nécessité de savoir saisir l'« occasion » et de ne pas différer le geste médical, sans quoi la mort survient. Tout au long de l'histoire, on retrouve des initiatives pour réduire les délais d'intervention. Au XVIIIe siècle, à Paris, la noyade est la première cause de mortalité accidentelle. Le docteur suisse Samuel Tissot, dans son *Avis au peuple sur sa santé*, préconise en 1761 de commencer les soins dans le bateau même qui a repêché le noyé. À peu près à la même période, Philippe-Nicolas Pia, apothicaire et échevin de Paris, fait installer le long de la Seine des coffrets, appelés « boîtes de Pia », qui renferment du matériel pour réanimer les noyés, ainsi qu'une feuille décrivant les gestes à exécuter. Il y a là l'esquisse de ce que l'on retrouvera plus tard avec le SAMU, l'amorce d'une structure permanente de secours s'appuyant sur les avancées techniques et les découvertes scientifiques de l'époque. La route, la Seine. Ces exemples témoignent d'une pensée médicale hyper-contextuelle et contiennent surtout cette idée qu'agir plus tôt, c'est agir plus près.

Dans le bureau des ambulanciers, Roxane Roussel s'installe dans un fauteuil. Juste au-dessus d'elle, un poster reproduit une vue de Paris. Au premier plan la Seine, en fond la tour Eiffel. Sur le mur d'en face, il y a un plan de la ville, identique à ceux qui sont accrochés en salle de régulation. Roxane Roussel dit : « Par rapport à la province, Paris est impressionnant. En province, on roule droit. Ici il y a du monde partout, des vélos, des touristes au milieu. C'est un super-gymkhana ! » Elle parle de la ville comme de ce sport automobile qui consiste en un parcours chronométré avec embûches, chicanes et difficultés diverses, où les coureurs sont classés en fonction de leur adresse, de leur rapidité et du nombre de fautes commises. Elle parle de la ville comme d'une course d'obstacles. Elle continue : « Avant, j'étais au SMUR 94, à Henri-Mondor à Créteil. Il n'y avait pas beaucoup de taxis. On m'avait prévenue que ça allait être l'enfer, les taxis, à Paris. » Jacques Fadrin renchérit : « De façon générale, les gens s'écartent pour nous laisser passer. Sauf les taxis. » Roxane Roussel ajoute : « Et sauf le dimanche. Parce que le dimanche les gens sont en "mode dimanche". Ils raccompagnent leur grand-mère après le déjeuner de famille, ils s'arrêtent n'importe où, prennent leur temps, récupèrent des sacs dans le coffre. » Un autre ambulancier entre dans le bureau : « À Paris, les taxis sont impossibles. On part en bleu et eux, s'ils déposent quelqu'un, ils n'en ont rien à faire, ils ne bougent pas. Parce qu'ils achètent une licence, ils croient qu'ils ont acheté la chaussée. Ils se prennent pour les rois de la ville. Alors parfois je leur rabats le rétroviseur en passant à fond avec mon camion. Les bus n'ont pas du tout la même attitude, ils font le maximum pour nous faciliter la tâche. Ça doit être ça, le sens du service public. » Puis : « Globalement, les Parisiens sont fatigants. Ils sont convaincus que ce qu'ils ont à faire est toujours de la plus haute importance, ils n'aiment pas beaucoup nous laisser passer… » Il concède : « C'est vrai qu'il est parfois difficile de percevoir de quel côté on arrive. De la gauche ? De la droite ? Donc parfois les gens essaient de se dégager, mais ils le font du mauvais côté. Et puis certains sont plus ou moins à l'aise avec la conduite, certains viennent de débarquer à Paris, ils n'y arrivent pas… » Roxane Roussel dit qu'elle a la hantise du piéton qui déboule sur la chaussée par surprise, qui traverse en courant : « Si pour aller sauver une vie je tue quelqu'un, ça devient un non-sens. »

Le camion prend la mesure de la ville à l'échelle 1. Il est dans une confrontation physique aux autres véhicules, à la densité des rues et des boulevards. Il fait avec les concentrations, les saturations, les rythmes, les attitudes de chacun. L'ambulancier mène le jeu, il déplace un morceau de l'hôpital dans la ville et il le déplace dans un rapport tendu à la chaussée, à la mécanique : « Avec nous, ça sent le cramé, ça sent la gomme et l'embrayage. » Les ambulanciers sont des conducteurs aguerris, expérimentés. Roxane Roussel fait remarquer qu'a contrario les pompiers sont très jeunes : « Ils ont vingt ou vingt-deux ans, au mieux ils conduisent depuis deux ans, quatre ans. Ça n'a rien à voir avec nous… Alors bien sûr on va plus vite. L'autre jour j'en ai mangé un, avenue du Maine ! On est partis après eux, arrivés avant. Son chef d'agrès m'a dit : "Tu ne veux pas lui donner des cours ?" En plus, quand ils voient une fille sortir du camion… » La conduite, c'est aussi le matériel qui la modèle. L'ambulancier doit savoir anticiper les mouvements de caisse du véhicule. En effet les camions sont déséquilibrés en raison de la répartition des équipements médicaux à l'intérieur de la cabine. Les plus lourds étant du même côté, les roues du côté opposé ont parfois tendance à se soulever lorsque des virages serrés sont pris à grande vitesse.

Quand le camion « se couche », il faut être capable de rétablir l'équilibre. Il faut aussi savoir s'adapter à des situations plus dangereuses que d'autres. Jacques Fadrin redoute les interventions sur le boulevard périphérique : « Surtout si on est là en premier et que la police n'est pas encore arrivée pour mettre en place le périmètre de sécurité. On craint le sur-accident. Alors on a des techniques pour l'éviter. Il faut toujours garer le camion après l'accident, jamais avant. Et puis il faut que les autres nous voient. Toujours. Bien sûr on met les gyrophares. Il faut absolument éviter le coup classique du type qui déboîte, ne te voit pas et te percute. » Il ajoute : « Mais on maîtrise ce qu'on fait… Les accidents sont très rares. Il suffit de regarder nos camions, ils ne sont pas cabossés. Pourtant on est en permanence en infraction. »

Le statut de véhicule d'intérêt général prioritaire fonde le cadre légal de l'infraction permanente dont parle Jacques Fadrin. Comme les voitures de police, comme les véhicules des pompiers, le camion SMUR n'est soumis à aucune limitation de vitesse. Il est autorisé à ne respecter ni les feux rouges, ni les priorités, ni les sens interdits, ni les lignes blanches. Les autres conducteurs ont obligation de lui céder le passage. Soustrait aux règles, l'ambulancier compose une forme de déplacement hors norme, en rupture avec le mouvement général de la ville. Le camion entre toujours en scène sous le signe du passage en force. Il fend l'espace, il rompt le flot, il tranche dans l'épaisseur de la circulation ordinaire. Il y a la vitesse, mais pas seulement et pas toujours. Lorsqu'un patient est à bord, pour ne pas aggraver son état et assurer la poursuite des soins pendant le transport, l'allure constante est parfois aussi cruciale que la rapidité. Sans accélérations ni décélérations brutales, pour éviter les secousses. Plus lent, le véhicule SMUR est tout aussi indifférent aux rythmes de la ville que lorsqu'il est lancé à vive allure. Ses déplacements font rupture, son immobilité aussi. À l'arrêt, en intervention, il devient un point de congestion qui trouble le trafic. Vitesse, contretemps, contre-courant, usage du son et de la lumière fabriquent un système de différenciation qui défait momentanément l'ordre collectif. Les autres s'écartent, s'arrêtent. Sa trajectoire marque un sillage. Après son passage, les lieux reprennent la physionomie qu'ils avaient avant. Les voitures se remettent en ordre et recouvrent peu à peu le tracé. Le bleu des gyrophares s'estompe, les flashs s'éloignent et se perdent. Le son des sirènes, que l'on avait entendu arriver de loin, reste encore un moment puis se dissout. Le signal de l'urgence se dissipe, atténué, recouvert, dispersé par le passage, effacé. La nuit, la trajectoire est soulignée plus silencieusement. La circulation est moins dense, l'usage des deux-tons moins nécessaire. L'ambulancier module. Il dose, il adapte. Les éclats muets des gyrophares se reflètent dans les vitrines des magasins, sur les carrosseries des voitures. La lumière bleutée fait provisoirement passer l'éclairage public au second plan, elle écrase un peu les enseignes au néon et les lumières des abribus, les feux de signalisation, les phares des voitures. Le bleu glisse le long des façades. Il rampe, se propage et disparaît.

À MOINS D'UN MIRACLE

Une dame attend dans l'encadrement de la porte. Collant noir, grand pull de laine, les cheveux clairs tirés en chignon, elle est pâle. D'un geste de la main elle invite à entrer. Une équipe SMUR a été envoyée pour un arrêt cardiaque chez un homme de soixante-douze ans. C'est son mari. L'appartement est saturé de meubles, d'objets, de boîtes. Il y a des piles de livres et de papiers, des vêtements dépliés. Sur une table basse, des coupures de presse sont classées dans des pochettes en plastique transparent. L'appartement est sur deux niveaux, la dame indique par où aller. Elle parle français avec un léger accent. Elle dit que les pompiers sont déjà là-haut, elle reste en bas.

Un escalier étroit conduit à l'étage, la chambre est tout de suite à droite. Les pompiers ont commencé un massage cardiaque. Ils disent : « On l'a trouvé entre le mur et le lit. » Ils l'ont déplacé pour pouvoir entamer les premiers secours. L'homme est allongé au sol. La moquette est tachée de traces sombres. Les lieux sont exigus, encombrés, il y a peu de lumière. Le corps est en travers, coincé entre le lit, les pieds d'une commode et le chambranle de la porte. Le médecin l'enjambe pour pouvoir se glisser dans la pièce et se positionner du côté de la tête. Il regarde rapidement autour de lui et fait signe à l'externe de le rejoindre. L'ambulancier prévient : « Fais gaffe où tu mets les pieds… » Le médecin s'empare du sommier et se fait aider pour le rabattre contre le mur afin de dégager de la place. Il s'agenouille, se penche sur le patient. L'externe fait de même. Ils prennent dans les sacs ce dont ils ont besoin pour intuber. L'équipe amorce une réanimation médicale. L'ambulancier prépare le matériel et le tend à l'externe. L'infirmière cherche une voie veineuse au niveau des chevilles car elle n'en trouve pas aux bras : « Il n'y a pas beaucoup de veines, il est vide de chez vide. » Elle a mis son téléphone portable en fonction lampe de poche pour mieux éclairer la zone à piquer. Autour du patient, chacun est concentré sur ce qu'il a à faire. Au bout d'un moment quelqu'un souffle : « Il est plein phare. » Ils continuent à travailler. À l'écart, l'un des pompiers remplit une fiche. Il demande si quelqu'un a les papiers d'identité du patient, personne ne lui répond. Un laps de temps s'écoule. Le médecin se redresse, il signifie à l'externe et à l'infirmière qu'ils ne vont pas poursuivre longtemps. Un pompier continue le massage cardiaque. L'ambulancier fait remarquer l'étroitesse de l'escalier et sa forme en angle aigu. Il dit qu'avec la rigidité cadavérique les pompes funèbres vont avoir du mal à descendre le corps. Le médecin acquiesce. Sans interrompre sa tâche, le pompier agenouillé auprès du patient suggère de le déplacer dès maintenant. Le médecin répond : « Mais tu as vu comment est foutu cet appartement ? Il n'y a qu'une seule pièce en bas. On ne va quand même pas le mettre sur le canapé ou sur le plan de travail de la cuisine ! Continue de masser, je reviens. »

Le médecin a rejoint la dame à l'étage du dessous. Il lui parle, il la questionne sur l'état de santé de son mari ces derniers jours. Elle dit que la maladie et les récentes séances de chimiothérapie qu'il a subies l'ont affaibli, que cette semaine son état s'est aggravé. Le médecin s'assoit face à elle. Il lui explique que son équipe a mis en place une réanimation, mais que le cœur ne repart pas. Elle répond : « Je comprends, docteur. Vous êtes en train de me dire qu'à moins d'un miracle… » Le médecin : « Ça n'existe pas les miracles, madame. » Elle le regarde, elle ne dit rien. Il reprend. Il évoque les « paramètres vitaux », parle de « pronostic très mauvais », reparle du cœur mais aussi du cerveau. Depuis l'étage, un pompier penché par-dessus le garde-corps de l'escalier interroge le médecin du regard. Le médecin le considère, puis se retourne vers la dame : « La chose raisonnable à faire maintenant, c'est d'arrêter le massage cardiaque. » Il répète : « On va arrêter le massage, madame, d'accord ? » Elle ne dit rien, un léger signe de tête seulement. Toujours tourné vers elle et sans la lâcher du regard, le médecin répond au pompier : « On arrête. » Elle est restée silencieuse, elle a baissé les yeux.

Il n'y a pas d'enfants à prévenir parce qu'ils n'ont jamais eu d'enfants. Il y a des amis bien sûr, mais elle hésite. « Il faut les appeler, madame, ils vont vous aider. – Je les appellerai plus tard, ils doivent être occupés, là. C'est le matin, ils travaillent ou ils ont des choses à faire. Je peux attendre, ne vous inquiétez pas. – Et les voisins ? – Oh non ! Pas les voisins.

Vous savez, les voisins… » Il lui parle des formalités à entreprendre, de la mairie, des pompes funèbres. Elle ne l'écoute pas vraiment, le regard file. Il lui demande s'ils avaient souscrit un contrat prévoyance obsèques. Elle répond que non, elle sourit : « On n'a rien prévu du tout dans notre vie. Vous savez, on est des aventuriers… Alors quand on vit comme des aventuriers, ça finit mal. » À l'autre bout de la pièce, au téléphone, un pompier transmet le bilan de l'intervention à sa régulation. Le médecin et la dame sont toujours assis à la même place, dans le salon. Le médecin tient dans ses mains un formulaire bleu. Pour rédiger le certificat de décès, il va avoir besoin des papiers d'identité de cet homme qui vient de mourir. Elle dit qu'ils sont dans un tiroir, dans la chambre. Elle se lève pour aller les chercher, elle s'engage dans l'escalier. Discrètement, le médecin demande à l'ambulancier qui vient de descendre : « Il est comment là-haut ? Elle peut y aller ? – Oui, oui, on a tout remis en place et on l'a allongé sur le lit. Il est bien. » Pendant qu'elle monte, le médecin poursuit : « Faut le serrer au maximum parce que sinon ça va être l'enfer pour le descendre. » Lorsqu'elle revient, le médecin l'invite à se rasseoir à ses côtés et lui redit que la première chose à faire est d'aller à la mairie avec le certificat de décès qu'il est en train de remplir : « Vous n'avez besoin que de ce papier. Vous devez aller à la mairie avec et vous devez aussi appeler les pompes funèbres pour qu'ils viennent chercher le corps. Ils viennent en quelques heures. C'est eux qui vont s'occuper de lui. On est vendredi, il faut les prévenir maintenant pour être sûr qu'ils puissent intervenir aujourd'hui, avant que ce soit le week-end. » Il reprend : « Si vous souhaitez qu'il soit enterré dans son pays, à la mairie, ils vont tout vous expliquer. – Dans son pays ? Non, non, non, on va l'enterrer à Paris. Enfin, à côté de Paris je suppose, je ne sais pas. » Le médecin insiste pour qu'elle appelle des gens de son entourage, il prend le temps de voir comment les choses s'organisent. Il lui dit qu'il n'est pas pressé, qu'elle peut s'accorder un moment et le faire lorsqu'elle se sentira prête. Elle dit : « Je suis croate, vous savez. J'ai connu la guerre, je sais encaisser. – On le voit, madame, que vous savez encaisser. Mais vous ne devez pas rester seule. Quand on va partir, ça va retomber. Vous ne devez pas rester seule. » Elle finit par joindre une amie. On entend des bribes de conversation, « … ça ne finit jamais par un miracle… », elle serre un mouchoir entre ses doigts. Le médecin se lève, il se rapproche des pompiers et leur demande s'ils peuvent attendre jusqu'à ce que cette amie arrive et prenne le relais. L'infirmière, l'externe et l'ambulancier ont rassemblé le matériel et descendu les sacs. La dame les remercie, elle prend la main de l'infirmière, elle s'excuse de ne pas avoir pensé à proposer quelque chose à boire. Pendant ce temps, un pompier a appelé lui-même un service de pompes funèbres parce qu'il a senti qu'elle n'y arrivait pas.

Le camion SMUR repart à vide, il rentre à la base sans sirène ni gyrophare. Sur le chemin du retour, le médecin reparle de l'intervention qu'il vient de diriger. Il dit : « La mort n'est pas un claquement de doigts. C'est un intervalle et dans cet intervalle il y a des fois où le patient est tout près et où on peut le ramener, d'autres fois où il est déjà loin. Aujourd'hui il était déjà loin. » Près, loin, ramener. C'est un métier de déplacements, de limites et de passages, la mort étant sans doute le plus radical d'entre eux. Au SAMU, on dit qu'elle est une urgence dépassée.

L'annonce de la mort produit un effet déréalisant, qui fait dire « c'est pas vrai », « c'est insensé ». La dame a invoqué un miracle. À rebours de cela, l'acte médical raccroche au présent de la situation. D'abord parce qu'il est ancré dans une technique, dans des protocoles, dans un cadre institutionnel. Ensuite parce qu'il prend du temps et que dans cette durée il est possible d'installer un récit. Tandis que la réanimation est prolongée, le médecin parle à cette femme. Il lui fait entendre ce qui est a priori inaudible, il lui fait progressivement accepter ce qui est profondément inacceptable. Il l'empêche de tomber en dehors du pensable. La voix est douce, l'énoncé de la mort est ferme. Le langage s'inscrit dans un double registre, celui, efficace, d'une signification sans ambivalence (« les miracles, ça n'existe pas ») et celui, plus diffus, d'une aptitude à nouer quelque chose d'autre. Mettre des mots sur ce qui est en train d'advenir et assumer l'ébranlement produit, c'est prendre en charge une part du malheur de l'être démuni qui se tient là. Tous ont joué quelque chose d'important pour elle. L'infirmière l'a accompagnée pour entrer dans la chambre. Le pompier a téléphoné aux pompes funèbres à sa place. En les mentionnant, le médecin a convoqué les amis, les voisins. Un groupe s'est composé, qui rappelle combien la mort oblige aux solidarités et combien elle renvoie à une confrontation collective. Faire groupe dans ce moment-là ne relève pas seulement d'une attitude compassionnelle, d'une forme d'altruisme, ni même de conventions sociales. C'est se positionner ensemble face à cette limite humainement infranchissable, la limite qui sépare les vivants des morts et qui travaille en chacun de nous. C'est à ce titre que la confrontation est collective. Aussi, en écho à la déflagration qu'elle reçoit au plan intime, cette femme laisse remonter un autre effondrement, celui de la guerre des Balkans, qu'elle a subi collectivement et qui la situe dans un sort commun. Dans la relation qui s'est nouée, il a été possible de dire la violence ressentie, de la faire circuler. Ils en ont parlé, elle l'a énoncée, elle l'a réalisée.

L'équipe SMUR et les pompiers se sont occupés du patient. Ils ont dit « le monsieur », « son mari ». Puis « le corps ». Ils ont logé dans le lexique le changement d'état. Ce changement, ils l'ont aussi inscrit dans des gestes. Quand ils sont arrivés, ils ont commencé par déranger, déshabiller, allumer des appareils, sortir du matériel. Puis ils ont rangé, éteint, remballé, ils ont marqué une fin par des tâches qui tiennent à la fois de l'ordinaire et du fondamental. À l'avant du camion, sur le chemin du retour, le médecin dit : « Ce n'est pas parce que sur le plan thérapeutique il n'y a plus rien à faire que ça veut dire qu'il n'y a rien à faire du tout. » Le corps, ils l'ont mis « bien », là-haut, allongé sur le lit. Ils l'ont mis à la bonne place, à sa place de mort. Ni sur le canapé, ni dans la cuisine. À l'écart, déjà un peu congédié. L'emplacement compte car il matérialise dans l'espace la séparation d'avec les vivants. Tôt dans l'intervention, il a été question des employés des pompes funèbres. À cause de l'escalier. Mais surtout parce qu'ils sont ceux qui actent définitivement la séparation. Le médecin l'a écrite, il l'a instituée en produisant le certificat de décès. Eux la mettent en œuvre. Ils viennent emporter le mort, ils le font sortir de l'appartement. Ce *départ*, l'équipe médicale y a pensé tôt, au ras des contingences matérielles, au plus près des contraintes du lieu et de l'échelle du corps. La mort n'est pas seulement un événement biologique. Être mort est un état, en même temps qu'un statut qui se construit par étapes, qui mobilise une durée et des espaces. Dans les conversations presque logistiques qui ont eu lieu autour de l'escalier, il n'a été question en définitive que d'une chose. Du passage, au propre comme au figuré, avec cette double idée de déplacement et de métamorphose. Dire les difficultés posées par le franchissement de l'escalier revient à dire cette traversée périlleuse où la séparation d'avec les vivants est déjà consommée mais pas achevée, où la différenciation est en train de se fixer. Au SAMU, ils disent :

« Plus près que nous de la mort, tu meurs*… » Cette proximité répétée, cette proximité de métier, forge une sorte de compétence extra-médicale, qui consiste à savoir agir et parler lorsque la mort ne peut plus être évitée, lorsque le patient ne peut plus être « récupéré ». Dans ce moment qui hésite encore, il s'agit de mettre du sens pour poser les jalons d'un nouvel ordre des choses.

* Louis Lareng (entretiens avec Michel Burlet), *Batailles pour le SAMU*, Paris, éditions Milan, 1995, p. 89.

LES GRANDS ESPACES

C'est le début de la matinée, dans la salle de régulation un médecin examine la télécommande de l'écran suspendu au plafond. Elle ne fonctionne plus. L'activité est calme, il y a peu d'appels. Le médecin prévient qu'il s'absente le temps d'aller chercher des piles dans son bureau, au bout du couloir, ou à l'étage du dessous, où travaille le personnel administratif du service. « Je ne tiens pas vingt-quatre heures* en régul' sans la télé. Les

* Les médecins régulateurs travaillent soit de jour (de 8 heures à 18 heures), soit de nuit (de 18 heures à 8 heures le lendemain), ou font des garde de vingt-quatre heures (de 8 heures à 8 heures le lendemain). Au cœur de la nuit, au moment où les appels sont les moins nombreux, les deux médecins de garde se relaient. Le premier se repose entre minuit et 4 heures, le second, entre 4 heures et 8 heures. Si nécessaire, le médecin en pause est rapidement mobilisable, les chambres de garde étant situées juste au-dessus de la salle de régulation.

animaux surtout. Mais pas dans les zoos. Les zoos, je déteste. J'aime voir les lions en liberté dans la nature. Comme on est enfermés ici, les animaux en liberté ça ouvre l'horizon. » Une médecin en poste juste à côté de lui est du même avis. Elle n'apprécie pas les chaînes d'information continue, elle préfère les paysages. Le désert, la banquise, l'Amazonie.

L'urgence est sauvage. Elle est l'inverse d'un territoire domestiqué. Au-dehors de l'hôpital, l'adversité est accentuée par le froid, la pluie, la saleté, les passants, l'obscurité, les difficultés d'accès. Le contexte dégrade les conditions de travail. Les médecins du SAMU de Paris sont par alternance « de régulation » ou « de camion » et ont par conséquent en commun cette expérience d'une médecine qui s'exerce en milieu globalement hostile et instable. Farid Sayad est médecin depuis quinze ans au SAMU de Paris et au SMUR Necker. Il explique : « Pour nous, qui sommes praticiens hospitaliers, l'hôpital est l'environnement de référence. C'est un environnement normé où on a tout sur place. Lorsque l'on quitte cet environnement, il est bien évident que la pratique ne reste plus exactement la même. » Il s'interrompt un instant, puis : « Le camion SMUR est l'équivalent d'un bloc de réa, donc c'est quasiment l'hôpital. L'intervention où l'on peut mettre directement le patient dans le camion, c'est ce qu'il y a de mieux. Sinon, il faut avoir conscience que plus on s'éloigne du camion, plus c'est dégradé. Quel que soit l'endroit où on arrive, on sait que rien ne va nous faciliter la vie. Si un élément extérieur peut dégénérer, il faut penser qu'*il va* dégénérer. Il faut en permanence anticiper parce que c'est ce qui va faire gagner du temps. Dès qu'on arrive quelque part, on essaie de voir comment on va en sortir avec le malade. Ça ne sert à rien de régler l'OAP* en dix minutes si derrière il y a quarante-cinq minutes de brancardage. Parfois, il faut aussi être capable de trouver, parmi l'entourage, la personne susceptible d'aider, d'apporter des informations sur les antécédents du patient ou sur ce qui s'est passé avant qu'on arrive. Il faut parfois trouver la gardienne, le bon voisin, celui qui a la clé pour ouvrir la trappe de l'ascenseur. » Il s'interrompt de nouveau, puis reprend : « En fin de compte, qu'est-ce que c'est le SAMU ? C'est une médecine qui reste de niveau hospitalier quel que soit l'environnement. La médecine, on sait faire. La difficulté, c'est l'environnement. »

* Œdème aigu du poumon.

Farid Sayad dit : « Les médecins qui choisissent le SAMU sont bien souvent des gens atypiques qui s'ennuient vite dans les services, à l'hôpital. Ce sont des baroudeurs, des gens qui ont parfois un deuxième métier. J'en connaissais un qui avait une agence de voyages spécialisée dans le Grand Nord, un autre qui faisait du convoyage de voiliers. » Il ajoute : « Moi-même, avant d'être ici, j'ai fait de la médecine à la campagne, de la médecine rurale où il faut aller au fin fond de coins perdus. Tu pars dans la nuit, tu es seul. Tu y vas, tu te débrouilles. Ça, c'est un goût que chacun a ou n'a pas. » Pour comprendre cet état d'esprit particulier, il dit qu'il faut se rappeler l'histoire du service. « Au début, les médecins du SAMU, c'étaient des pirates. Ils en avaient marre de voir les malades arriver déjà morts à l'hôpital, alors ils ont décidé de prendre des voitures et d'aller eux-mêmes sur place pour perdre moins de temps, pour essayer de les sauver. » Anna Delaroche revient d'intervention. Elle partage son activité entre le SMUR Necker, la régulation et le service d'accueil des urgences d'un hôpital parisien. En entrant dans la pièce, elle a entendu Farid Sayad. Elle ajoute : « C'est en partie pour cela qu'aujourd'hui encore nous sommes perçus comme ceux qui partent braconner les malades dans la ville. À l'hôpital, ils nous appellent les cow-boys. »

Des silhouettes viennent traverser les récits et peupler les situations. L'animal féroce, le navigateur, l'explorateur, le pirate, le braconnier, le cow-boy. Ce sont des figures de la conquête et de l'affrontement, des figures solitaires un peu archétypales, qui incarnent un rapport transgressif à la limite. Limite de la force physique, limite des territoires connus, limite imposée par le danger, la puissance des éléments, limite de ce qu'il est possible d'atteindre. Limite de la légalité aussi. À travers ces personnages allégoriques remonte l'idée qu'il y a à se battre pour repousser une frontière.

Se battre. Cela fait écho aux origines militaires de la médecine d'urgence, une médecine née sur les champs de bataille pour porter secours aux soldats blessés. Tout au long de l'histoire, le sort des soldats blessés a constitué un enjeu important. On sait par exemple qu'au VIe siècle il existait dans l'armée byzantine des corps de cavaliers-infirmiers, les *despotatoï*, spécifiquement chargés de ramasser et d'évacuer les blessés, de les sortir des bataillons pour les ramener à l'arrière et les soigner. La première préoccupation des autorités militaires comme civiles a longtemps été de sauver le plus grand nombre d'hommes pour les remettre en état de combattre. Les guerres ont ainsi été le théâtre d'avancées médicales significatives. Les progrès effectués sur ces terrains-là passaient ensuite dans le civil. Une fois la paix rétablie, les médecins démobilisés ramenaient leurs nouvelles compétences à l'hôpital. C'est particulièrement vrai dans le domaine des techniques chirurgicales et de la réanimation. C'est également le cas pour les outils logistiques, il suffit de repenser à l'histoire des ambulances. De même pour le système d'organisation globale des soins. Le triage des patients par ordre de gravité, par exemple, est une pratique militaire que l'on retrouve au cœur de la notion de régulation médicale. Le principe de soins de l'avant, qui consiste à médicaliser le blessé sur place pour le stabiliser avant son évacuation vers l'arrière, est une stratégie sanitaire éprouvée en temps de guerre, l'« avant » faisant directement référence au front, et l'« arrière » à l'hôpital de campagne monté en retrait. Cette stratégie est devenue le principe clé du traitement des urgences préhospitalières : prendre en charge sur place, stabiliser et évacuer vers le service hospitalier adapté le plus proche.

À ces transferts d'ordre scientifique, technique, organisationnel opérés entre les champs de bataille et la vie civile, s'ajoute une dimension moins immédiatement observable et néanmoins très forte, une sorte d'inflexion générale : l'attitude de combat qui façonne les manières de penser et de faire des médecins du SAMU. S'engager, décider, agir vite, imposer une autorité, dominer. « Lorsqu'on arrive on prend le pouvoir, dit Farid Sayad. À chaque intervention, il faut s'adapter au contexte, le comprendre et parler pour être entendu. On doit prendre le pouvoir car on doit imposer un certain nombre de décisions très rapidement. Le pouvoir de dire on fait ci ou ça, on vous emmène dans tel hôpital, le pouvoir de dire à quelqu'un de pousser les meubles, de demander aux pompiers d'agir de telle ou telle façon. En un instant, on gère plein de gens en même temps, qui doivent impérativement faire ce qu'on leur demande. Si on n'est pas crédible dans ce rôle de chef, on ne tient plus la situation, on perd du temps et le temps perdu est toujours délétère pour le patient. » Il s'arrête un instant. En regardant vers la fenêtre, il dit : « D'une certaine manière, il y a un rapport avec le métier d'acteur... Dans une intervention, on est comme on est dans la vie, mais on accentue certains traits de caractère, comme les acteurs qui mettent une partie d'eux-mêmes dans un rôle. » Il ajoute : « Au SMUR, on est ultra-maquillés. Autant que la compétence médicale, ce qui compte, c'est la capacité à endosser le rôle. »

Endosser le rôle est d'autant plus nécessaire qu'il faut compenser l'absence du cadre que constitue l'hôpital, un cadre fort et structurant, qui attribue une place à chacun. L'hôpital spatialise le malade et la maladie, il les enserre. Il les soustrait au reste de la ville, il isole et coupe du dehors, du monde social, de la sphère affective. L'image de l'île a souvent été utilisée pour le décrire, avec l'idée d'isolement, de mise à distance. Cette image rend compte de l'une des préoccupations historiques de l'institution hospitalière : empêcher la circulation sauvage des corps et des maladies, lutter contre la contagion. L'hôpital est, de ce point de vue, un espace séparant et purifiant. Dans le même temps, il est bien sûr un espace technique qui impose un certain nombre de choses. La pratique médicale y fait loi, elle y fixe ses règles, son langage, ses rythmes, ses hiérarchies. En miroir de cela, le SAMU apparaît comme une figure inversée. En déplaçant la pratique hospitalière hors des murs de l'hôpital, il la fait sortir du cadre bâti qui délimite, structure et identifie des rôles et des statuts. Intervenir sur le trottoir, dans un appartement, c'est en quelque sorte agir à découvert, sans être protégé par l'insularité de l'hôpital, une insularité à l'intérieur de laquelle l'autorité médicale est posée de fait. Sur le trottoir, dans l'appartement, cette autorité est à conquérir. Elle est moins soutenue par l'effet de milieu, elle est moins accompagnée des marqueurs habituels. Au sein même de l'équipe SMUR, la hiérarchie est moins lisible qu'à l'hôpital. Elle est masquée par l'uniforme, identique pour tous. Médecin, infirmier, ambulancier, externe sont vêtus du même pantalon de treillis blanc et du même gilet multipoche sans manches, blanc aussi. Les blouses blanches et les chasubles de couleur qui à l'hôpital signalent le rang et la fonction de chacun ne font plus repères. En intervention, chacun construit son rôle sans l'appui du costume. Seul le corps porte. Farid Sayad dit : « C'est systématique, si le médecin est petit, les gens vont d'abord se tourner vers l'ambulancier s'il est plus grand et plus costaud. Pareil si le médecin est une femme. Ils vont d'abord se tourner vers l'infirmier si c'est un homme. »

L'intervention d'urgence déplace sensiblement l'ordre médical, le corps du médecin y prend une place saillante. Le corps humain, en médecine, est au centre. Le corps du malade, du blessé. Ce corps-là est le lieu d'action de celui qui soigne, il est le terrain de son savoir, de son pouvoir, il est la source de sa légitimité. Or l'intervention fabrique une situation qui ramène le corps du médecin en première ligne. Anna Delaroche dit : « À l'hôpital les examens complémentaires, l'imagerie, la biologie sont de plus en plus performants et rapides. Tu mets une main sur un ventre et si tu doutes, tu peux avoir une écho. Au SMUR, on n'a que nos mains pour examiner. Et le stéthoscope. Quelques machines aussi, mais l'examen clinique est central pour nous. Si par chance le patient est conscient, l'interrogatoire est également très important. Et puis, certains malades, juste en les regardant, c'est-à-dire juste avec nos yeux, on sait qu'ils sont graves. Ça se voit à leur tête, à leur façon de se tenir, de respirer. Là, tu vas beaucoup plus vite. Tu accélères, tu réduis à l'essentiel. Dans le tempo, tout change. » Elle poursuit : « En fait, on n'a presque que nos sens. La vue, le toucher, l'oreille. On suspecte avec nos mains, avec notre écoute. » Il y a l'idée d'un corps-à-corps, d'une médecine nue, où le corps du médecin est plus que d'habitude un corps-instrument, exposé. L'intervention SMUR est certes tenue par un enchaînement d'actes techniques – les équipes disent d'ailleurs « techniquer » un malade –, mais cet aspect-là coexiste avec une pratique plus rugueuse, presque frugale. Il faut faire, faire vite, faire avec peu. C'est cette qualité-là qui est particulièrement mise en avant au sein du service. Au sujet d'un confrère respecté de tous pour ses grandes compétences médicales, un médecin dit : « Lui, en cinq minutes, il fait une réa dans la jungle avec deux morceaux de bois. Il n'a besoin de rien. » La jungle, là encore, la forêt profonde.

De l'équipe qui part en intervention, on dit qu'elle « décale », au sens d'enlever les cales devant les roues du camion. Lorsque la régulation engage un SMUR, le système informatique du SAMU déclenche instantanément les bips de ceux qui sont « de départ », médecin transporteur, infirmier, ambulancier. Ils rejoignent le camion en quelques secondes. Généralement, la régulation engage l'équipe qui est la plus proche du lieu d'intervention. La « feuille de route » sort de l'imprimante à La Pitié-Salpêtrière, à Lariboisière, à l'Hôtel-Dieu, à Necker ou à Robert-Debré. L'équipe part avec ce document où figurent les informations saisies par la régulation. L'adresse et le motif de départ, bien sûr, s'il s'agit d'un lieu public ou d'un domicile, l'identité et l'âge du patient lorsqu'ils sont connus. Parfois des indications sur son état de santé général. Rarement davantage. Le type d'immeuble, de famille, l'environnement social, la feuille de route ne le précise pas. Lorsqu'il s'agit d'une personne seule, inconsciente, victime d'un accident ou d'un malaise sur la voie publique, le médecin sait d'avance qu'il n'aura aucune information. Les témoins qui ont appelé le 15 sont bien souvent des passants anonymes. Dans chaque contexte, l'intervention est un territoire à défricher. « On ne sait jamais vraiment sur quoi on part », résume un infirmier.

L'inconnu est le régime normal du SAMU et les images télévisées du désert, de la banquise, de l'Amazonie ne racontent finalement pas autre chose. Elles racontent le sauvage des grands espaces, des territoires extrêmes, inexplorés. Parler en faisant entrer dans le récit le sauvage des grands espaces, c'est dire quelque chose de puissant, qui convoque l'immense et l'inconnu. Qui ramène aussi au premier plan le brutal, le féroce. Comme pour exprimer ce dont les équipes parlent peu, la dureté des situations traversées – « Quoi qu'on en dise, ce sont des métiers démolissants », concède une infirmière. L'intervention est une confrontation. Elle met face à la détresse d'autrui, sans filtre, sans repli possible et sous une lumière particulièrement crue. Il y a en elle de l'inhospitalier.

ENTRER

« Les gens nous ouvrent leur porte, dit Anna Delaroche. Ils n'avaient pas prévu que quelqu'un viendrait. Des affaires traînent. S'ils avaient su, ils auraient probablement lavé la vaisselle. Ils nous ouvrent leur porte parce qu'ils n'ont pas le choix. » Comme le camion dans la ville, l'équipe qui intervient fait effraction. Bien sûr, les gens ont appelé. Face à une situation qui les accule, ils appellent pour que quelqu'un vienne à leur secours. Mais lorsque l'équipe arrive, c'est elle qui dirige, qui impose. Elle défait momentanément l'ordre de la maison, suspend les gestes de ceux qui y habitent. Anna Delaroche dit : « Si je repense à ma première intervention, ce dont je me souviens c'est que les pompiers ont marché sur le lit et qu'on a poussé la petite fille pour qu'elle sorte de la pièce. La pathologie du père, je n'en ai plus aucun souvenir. Mais ça, je m'en souviens parfaitement. Le regard de l'enfant. » La prise en charge de l'urgence produit de l'offensif. C'est aussi cela qui est de l'ordre de l'inhospitalier. Marcher sur un lit, pousser une enfant. La violence est d'autant plus palpable qu'elle s'articule à l'intime. Des affaires personnelles, un lit, un regard. Anna Delaroche dit encore : « Dans la vie ordinaire, quand on entre pour la première fois chez quelqu'un, on ne voit que ce que l'on veut bien nous montrer, des portes sont fermées. » Elle poursuit : « Nous, quand on arrive on voit tout. Parfois on ouvre les placards, on fouille pour trouver des ordonnances, pour connaître les antécédents. Et puis, souvent on est accueillis dans les chambres. Le SAMU entre dans les chambres. »

L'intervention ne progresse pas sans dévoilement. Un dévoilement parfois imposé, comme déchiré. Parfois consenti, implicitement accepté en échange du secret médical. Souvent objet de négociations. Souvent aussi, l'environnement livre des bribes d'une vie intime. Une chambre est un paysage qui dit beaucoup de celui qui l'occupe. Une « chaise garde-robe » dissimulée dans un recoin, la personne ne marche plus depuis longtemps. Un billet de banque roulé qui a glissé sous un divan, la personne a probablement consommé de la drogue. Le logement est le lieu d'enfouissement d'une histoire et permet parfois d'accéder aux points aveugles que les victimes taisent ou ne parviennent pas à énoncer directement. Il s'agit alors de déchiffrer des signaux infra-langagiers. « Notre pratique nous pousse à être curieux. On regarde. Il n'y a rien de malsain, on n'est pas là pour juger, c'est simplement pour rassembler les informations. On a besoin de savoir. » Marie Sidibé est infirmière SMUR depuis huit ans. Elle poursuit : « L'autre jour, on a fait une intervention chez une dame bien mise qui semblait très soucieuse de son apparence. Bien habillée, bien coiffée, les ongles faits. En entrant, j'ai tout de suite remarqué dans le couloir un long miroir en pied et à côté, punaisée au mur, une feuille de papier où il était écrit : "Tu es grosse, tu es moche." J'ai trouvé ça étonnant, ça a attiré mon attention. D'autant que la dame était très mince. Bon, on a fait le lien. On a compris qu'elle souffrait d'anorexie. Initialement, elle appelait pour une détresse cardiaque. Son anorexie, au téléphone, elle ne l'a pas mentionnée bien sûr. En la faisant parler, le médecin a fini par apprendre qu'elle avait ingéré pas mal de médicaments pour se vider, pour ne pas prendre de poids. Des laxatifs. Sauf que les médicaments qu'elle avait pris ont pour effet, à forte dose, d'accélérer le rythme cardiaque. Donc, au départ, on est envoyés chez elle pour une pathologie cardiaque, mais quand on entre, on se rend compte que ça vient d'ailleurs et que c'est beaucoup plus profond. »

L'intervention fait entrer chez les gens, dans leur maison, dans leur for intérieur. Entrer dans le *vif du sujet* confronte autant à l'intégrité physique d'un être qu'à sa subjectivité. Dès la salle de régulation, à l'instant où l'appel est pris, les personnels du SAMU entrent dans l'existence d'un individu, ils en font l'expérience. Ils parlent d'ailleurs d'« expérience de décroché ». Un médecin résume : « Ce n'est jamais un foie qui nous appelle. C'est quelqu'un avec éventuellement un problème au foie. » Cette façon de ne pas dissocier le corps anatomique (un foie) du sujet (quelqu'un) rend compte d'une pratique médicale qui envisage ensemble la pathologie et l'expérience de celui qui en souffre. C'est le propre de la médecine en général que d'intégrer à la réflexion la globalité de l'existence du patient, de séparer le moins possible le vivant du vécu. Mais l'urgence préhospitalière exacerbe cette manière de penser. Non pas qu'elle soit plus humaniste que d'autres spécialités. Simplement, elle dispose de peu. Peu d'appareils, peu de temps, peu d'informations. Donc, par nécessité, elle exploite tout. Un domicile est un décor rempli d'indices qui documentent une existence intime, sociale. L'espace et les objets renseignent, suggèrent. Ils sont des jalons dans la reconstitution d'une histoire. Ils constituent un matériau à travailler, susceptible de donner des clés pour entrer plus vite dans la situation et s'en saisir.

L'intervention est ponctuée d'une succession de séquences d'entrée. Entrer dans la matérialité de la ville, des rues, des architectures. Entrer dans l'existence de quelqu'un, atteindre les couches profondes de sa détresse. Accéder à un corps, découper des vêtements, dénuder, toucher, manipuler. Perfuser, inciser, intuber. Dans une chambre comme sur un quai de gare, dès lors qu'il est conscient, le sujet en détresse reste un sujet sensible, pensant, agissant. Il ne se réduit pas à l'événement qu'il subit, si dramatique soit-il. Face aux intrusions dont il est subitement l'objet, son intériorité cède rarement volontiers. Même en cas d'extrême gravité, il résiste. La peur, la dissimulation, la pudeur font partie de ces moyens de résistance. Elles fabriquent des enveloppes qui protègent et qui montrent qu'on tient encore sa place. Dans un contexte médical souvent aigu, où le temps écoulé est décisif, l'enjeu est de réduire ces résistances afin d'obtenir du patient une forme d'adhésion. « Intuitivement je préfère dire : "Rassurez-vous", explique un médecin. Dire : "N'ayez pas peur" envoie un mauvais signal parce que cela fait de la place à la peur. Et la peur, elle peut bloquer ou au moins ralentir la prise en charge. » Le langage vient en soutien du geste médical, pour avoir à lutter le moins possible contre le climat d'hostilité que pourrait générer la victime ou son entourage, sa famille. Un autre médecin dit : « Dans les premiers instants, le temps est très précieux. Quand on arrive, il faut faire retomber la pression. Face à des gens agressifs parce que paniqués, il ne faut surtout pas entrer en conflit. C'est comme au judo, il faut les démonter. » Il ajoute : « Dans chaque circonstance, je regarde où je suis et je parle leur langue. » Il s'agit de trouver des points de passage, des accroches pour entrer dans la relation, pour remettre le blessé, le malade, dans le fil de son existence et pour réaffirmer son statut de personne dans un moment où, précisément, il sent sa vie lui échapper. L'un des fondateurs des premiers SAMU dans les années 1960 a écrit dans ses mémoires : « L'homme blessé est surpris, réduit à zéro. Il faut savoir user de tous les moyens pour qu'il se situe à nouveau dans l'espace et dans le temps. Que la souffrance et la peur ne l’achèvent pas*. » Accepter de retirer un blouson en cuir plutôt que de le découper avec des ciseaux parce que « c’est un cadeau d’anniversaire », couvrir un sein pour qu’une femme ne se sente pas humiliée, répondre aux inquiétudes d’un homme âgé au sujet de son chat – « On a prévenu la gardienne, monsieur. Elle va s’occuper de lui pendant que vous serez à l’hôpital. » Ces détails minuscules, que l’on pourrait juger dérisoires au regard des situations traversées, sont autant de leviers, de cartes à jouer dans la négociation, pour rendre acceptable l’intervention et maintenir fluide l’enchaînement des étapes de la prise en charge.

Cependant, l’équilibre est fragile. Parfois, considérer de trop près les circonstances peut au contraire apporter du trouble, faire obstacle. Marie Sidibé se souvient d’une intervention où « un homme avait trucidé sa famille à l’arme blanche et avait ensuite tenté de se suicider ». Elle raconte : « Un enfant de quatre ans et une jeune femme, tous les deux morts. Du sang partout. Toi tu arrives dans l’appartement et ton travail, c’est de sauver celui qui a fait ça. Tu sais parfaitement ce qu’il a fait puisque c’est sous tes yeux.

* Louis Lareng, *Batailles pour le* SAMU, *op. cit.*, p. 192-193.

Et tu dois quand même tout faire pour lui. Eh bien je t'assure que ce type qui avait hyper mal, je ne me suis pas pressée pour lui administrer de la morphine. Je sais que ce que je dis là est un peu tabou et que je ne suis pas dans mon rôle lorsque je parle de cette façon. Mais il arrive qu'on se fasse déborder, qu'on ait du mal à ne pas dévier de notre fonction qui est de mobiliser toutes nos compétences pour sauver l'être humain qui est là, quoi qu'il ait fait. » Elle reprend : « Le même patient reçu dans un service à l'hôpital n'aurait pas produit le même effet. Même si le contexte est raconté, à l'hôpital on est beaucoup plus à distance. Justement parce que le contexte est seulement raconté. Au SAMU on est dedans. Le contact avec la situation rend les choses plus difficiles. Quand on a toute l'histoire, c'est plus perturbant parfois. » L'intervention déplace. La métaphore de la traduction est à ce titre explicite. *Je parle leur langue* exprime le décentrement à opérer en soi et sur soi pour comprendre et être compris. Mais jusqu'où entrer, s'enfoncer ? Jusqu'où porter le regard sans dissoudre l'impératif médical ? À chaque intervention, l'œil se déplace, resserre ou élargit la focale. Le territoire est ainsi contenu ou étendu. Ses frontières sont déterminées par ce que l'équipe SMUR fait entrer dans le champ et par ce qu'elle prend le parti d'exclure.

Des réglages empiriques sont à l'œuvre, qui fixent le périmètre à circonscrire et à investir.

Dans les limites de ce périmètre, une forme s'échafaude. Car l'intervention a une forme. Concrète, matérielle. Anna Delaroche parle d'une bulle. Elle dit : « Quand on arrive, on doit créer une bulle autour du malade. Une fois que c'est fait, on peut travailler. » L'entrée dans l'urgence est associée à l'idée d'une structure à monter autour de l'organisme en danger. Au domicile, dans un bureau, une architecture préexiste. L'espace est cloisonné, délimité. Mais un entourage angoissé peut involontairement parasiter le travail de l'équipe. Anna Delaroche dit : « Parfois une seule personne peut être plus parasite que dix. Il y a rarement une volonté de nuire, ça part de l'idée d'aider la victime. Ils veulent aider, ils veulent savoir ce qui se passe. Or ils ne connaissent pas nos logiques de prise en charge, ils ne comprennent pas. Et ils ont peur. Alors ils débordent et c'est à ce moment-là qu'ils deviennent parasites. » Parfois fermer la porte d'une pièce suffit à instituer un territoire préservé des incursions extra-médicales. « Dans la rue, la difficulté c'est le regard des gens, explique Marie Sidibé. Il y a les badauds et les smartphones, dont il faut protéger le patient. » Si la victime peut être directement placée dans le camion, fermer la double porte arrière du véhicule revient à créer un cadre clos. Dans le cas contraire, à même le sol, une économie rudimentaire vient charpenter l'intervention. Il arrive que d'autres figures de l'urgence participent à cette élaboration. Les plots coniques orange et blanc des pompiers délimitent un contour. Leur véhicule rouge, à l'arrêt, y contribue aussi. De même que le ruban plastifié utilisé par la police pour établir un cordon de sécurité. L'urgence est matérialisée par cercles concentriques. Le noyau de cette architecture – la « bulle » dont parle Anna Delaroche – est construit au plus près de la victime par la façon dont l'équipe vient poser le matériel d'urgence et de réanimation qu'elle transporte avec elle. La manière dont elle dispose les sacs à dos compacts et les équipements de médicalisation institue une sorte de campement technique.

Autant qu'elle déplace, l'intervention met en place. Poser des sacs, des appareils, poser son propre corps. « Nous-mêmes, nous nous plaçons », dit Marie Sidibé. Elle décrit des mouvements, des croisements. « On définit comme ça notre espace. Chacun a sa façon de bouger. On s'en rend particulièrement compte lorsque quelqu'un dans l'équipe a du mal à trouver sa place.

Cela arrive de temps en temps et l'on se sent moins à l'aise que d'habitude, simplement parce que la personne gêne. Elle prend l'espace sans trop savoir quoi faire ou avec un temps de retard. Quelqu'un qui est dans le doute ou dans l'hésitation, c'est quelqu'un qui va être en retrait de la situation. C'est d'ailleurs pour éviter cela que l'on confie le scope à l'externe. » Elle précise : « Les externes sont jeunes, ils apprennent. Parfois ils n'osent pas s'imposer. Les associer au scope permet de les placer. On leur dit : "Comme ça tu sais où te placer." En portant le scope, l'externe se retrouve automatiquement à côté du patient. Il branche les électrodes, ça lui donne quelque chose à faire tout en restant à proximité du patient, donc du médecin. Il peut écouter et apprendre. Et puis ça l'oblige à vraiment regarder, à voir les lieux : qu'est-ce qu'il va bouger, qu'est-ce qu'il va débarrasser pour pouvoir poser l'appareil ? » Dans son récit, Marie Sidibé énonce des règles implicites de placement. Ces règles implicites montrent qu'un instrument qui mesure l'activité du cœur et les paramètres vitaux détermine aussi la distribution des corps dans l'espace – « à côté du patient » ; « à proximité du médecin ». L'outil technique sert de support à la distribution des corps, il sert également à partager les tâches et à répartir les relations d'autorité entre les différents membres du groupe, en particulier par rapport à la figure centrale du médecin. Nécessités techniques, pratiques et symboliques s'imbriquent pour à la fois assurer le succès des procédures médicales, réinstituer le rôle de chacun et canaliser les affects – *Ils n'osent pas*... L'intervention est une zone de risques, où domine l'instabilité des climats. Entre violence et compassion, entre charge émotionnelle et distanciation, les limites sont souvent poreuses, changeantes, volatiles. D'où la nécessité de faire bloc et d'intégrer un temps unique. Les corps au travail imposent leur présence, organisent leur action, fixent un rythme et construisent l'espace. Ils transforment, déplacent, renversent, puis remettent en place, reconstruisent. Un agencement précis de corps et d'objets trame l'espace, donne une forme matérielle à la détresse vitale. C'est une forme de l'instant, fugitive et sommaire, qui dure peu et qui est construite de presque rien, mais qui tient sa force de ce qu'elle fait traverser.

LA CARTE HOSPITALIÈRE

Le camion roule en frayant des espaces et en ouvrant des mondes. Il fabrique de l'intervalle, construit du transitoire. Chaque intervention rejoue le motif de la traversée. Aller chercher, se déplacer. Déplacer, stabiliser. Puis repartir, ramener. Refermer la scène en déposant le patient à l'hôpital, dans le service qui prendra le relais de la prise en charge d'urgence.

En début de matinée, un jour de semaine, une équipe SMUR est envoyée rue Grégoire-de-Tours, dans le 6e arrondissement. Douleur thoracique chez un homme de quarante ans. L'immeuble est ancien, il n'y a pas d'ascenseur. Un escalier de bois dessert les étages. L'usure a rendu les marches irrégulières. Au quatrième, un homme est assis sur le palier à même le sol. Derrière lui la porte d'un appartement en travaux est ouverte. On distingue plusieurs pièces en enfilade. Dans le fond, des fenêtres. En contre-jour, la silhouette d'un autre homme. Les pompiers viennent d'arriver, ils sont aussi sur le palier. La victime est un ouvrier du bâtiment, il est sur son lieu de travail. C'est son collègue, celui dont on perçoit la silhouette en contre-jour, qui a appelé le 15. Le patient est conscient, il décrit une vive douleur dans la poitrine, elle s'étend dans le bras. Il est là, sur le palier, car lorsqu'il a commencé à se sentir oppressé, explique-t-il, il a voulu descendre dans la rue prendre l'air. Mais il n'a pas pu aller plus loin : « Je suis solide d'habitude. » Le médecin lui demande de ne plus bouger, de ne plus faire d'efforts. La cage d'escalier est sombre. Le médecin fait signe aux pompiers de déplacer l'homme dans l'appartement, pour avoir plus de lumière et davantage de place. À l'intérieur, le plancher est recouvert d'une bâche de protection en plastique. Du matériel, des pots de peinture, un projecteur de chantier allumé, de la poussière. La pièce est blanche. Il n'y a pas de siège, les pompiers ont assis le malade par terre, ils l'ont adossé au mur. Le deuxième ouvrier se rapproche. Il tire sur une cigarette, il raconte le malaise. Le médecin l'interrompt : « Écoutez, monsieur, pour votre collègue c'est quand même mieux si vous éteignez immédiatement cette cigarette. »

Le médecin est accroupi, à hauteur du patient. Il lui refait décrire la douleur, il l'interroge sur son état de santé général, sur sa vie, ses habitudes. Pendant ce temps, l'infirmière entreprend de lui retirer son T-shirt. Elle lui demande de se laisser faire, de continuer à ne fournir aucun effort. Elle lui explique qu'elle lui enlève son vêtement afin de pouvoir placer des électrodes sur sa poitrine pour l'électrocardiogramme. L'ambulancière prépare le matériel dont l'infirmière aura besoin pour poser une voie. L'homme qui fumait s'est débarrassé de sa cigarette : « Tu leur as dit que tu as pris une décharge hier ? » Le patient : « Non, parce que ça n'a rien à voir, les décharges ça arrive souvent. » L'infirmière : « Mais il faut quand même nous le dire, monsieur. » En gardant le regard fixé sur les ampoules qu'elle sort de leur emballage et dont elle vérifie le dosage, elle sourit : « Vous savez, il faut tout nous dire à nous. » Le médecin s'empare de la bande de papier en train de sortir du scope posé au sol. La lecture de l'électrocardiogramme le déconcerte. Il décide d'en faire un autre, puis un troisième. Les trois résultats vont dans le même sens. Ils contredisent l'examen clinique qui penchait en faveur d'une suspicion d'infarctus. D'un mouvement vif, le médecin saisit son téléphone portable. Il appelle la régulation pour transmettre le bilan de son intervention. En ligne avec le régulateur, il décrit rapidement les antécédents de ce patient « très tabagique » et rapporte le récit du malaise. Il énumère ensuite les signes observés et fait part des résultats des électrocardiogrammes, qui vont à l'encontre de son hypothèse de départ : « Je n'ai pas d'onde T négative, je n'ai pas de miroir. J'ai quand même commencé l'aspirine et la morphine. Mais franchement l'ECG n'indique rien de franc. » Les deux médecins ne s'expliquent pas bien les contradictions constatées, mais ils sont du même avis. Dans le doute, ils font le choix de médicaliser le patient « comme un infarctus » et de le transporter à l'hôpital.

Le médecin régulateur a raccroché. L'instant d'après, il reprend le combiné de son téléphone pour s'engager dans une autre phase de son travail, la recherche d'un lit d'hospitalisation.

La mission du régulateur, en effet, est double. D'abord, il doit réagir sans délai à l'urgence, déceler, dans le flot des appels, le cas grave et déclencher l'intervention. Le médecin transporteur envoyé sur place explore et traite, puis dans un enchaînement serré il appelle le régulateur pour rendre compte de ses décisions et de ses actes. Entre le départ du camion et la transmission du bilan, le régulateur prend d'autres appels, bien sûr. Les demandes d'aide urgente s'enchaînent. Mais il attend aussi que le médecin transporteur le rappelle. Car tout un pan de la régulation médicale se construit sur le versant de l'intervention. C'est le deuxième aspect du métier. Lors d'une présentation générale du SAMU à des assistants en formation, un médecin expliquait : « Le rôle de la régulation n'est pas seulement d'envoyer Pitié 02. Il ne s'agit pas que le patient se dise simplement : "Oh, ils m'ont bien ramassé !" Ce qui compte, c'est le parcours de soins qu'on élabore à partir de ce qu'on récupère en intervention. À partir du bilan du médecin du SMUR, le rôle du régulateur consiste à diriger le plus rapidement possible vers le bon service. C'est-à-dire qu'à partir de notre prise en charge, il y a une succession d'événements qui vont entraîner une coordination des soins d'urgence et on peut considérer qu'on a été bons quand le parcours de soins est direct, quand il est court et efficace. » Les soins d'urgence pratiqués par l'équipe SMUR maintiennent le patient en vie en amorçant un traitement qui bloque ou ralentit la dégradation des fonctions vitales. Mais cette prise en charge précoce doit impérativement être relayée en milieu hospitalier, où le malade bénéficiera de plateaux techniques et de compétences spécifiques. En cela, la régulation est un rouage. Elle exerce une fonction pivot, elle fait entrer le patient dans l'hôpital, dans le bon service. Placer est une fois encore au cœur des enjeux.

Le bilan de l'intervention est un énoncé qui circule tout au long de la prise en charge, jusqu'aux portes de l'hôpital. Il se déplace. Lorsqu'il passe du lieu de l'intervention à la salle de régulation, il change d'échelle. Le régulateur le sort de son contexte particulier pour l'inscrire dans un nouveau territoire. Depuis son poste, le régulateur a en tête une carte vaste et complexe dont le relief et les aspérités sont modelés par la distribution des différents services, des différentes spécialités médicales, au sein des hôpitaux et cliniques répartis dans toute la ville. Les capacités d'accueil, elles non plus, ne sont pas homogènes. Certains établissements sont dotés de plus de lits que d'autres. C'est la carte hospitalière. Pour savoir où faire acheminer son patient, le régulateur doit connaître cette géographie. Il y a des centralités et des densités, des raréfactions et des zones de réserve étendues aux départements limitrophes. La carte hospitalière, tel un calque, vient se superposer au plan de Paris. La topographie dans laquelle évoluent les équipes du SAMU est faite de strates superposées, à l'intérieur desquelles le régulateur occupe une position particulière. Il articule en effet deux dimensions du territoire : la géographie de l'urgence, mouvante, tremblante, imprévisible, et la géographie de l'hôpital, stable, constante. Placer les malades, les blessés, c'est trouver très vite des points de correspondance entre les vibrations des appels au 15 et les cadres de l'institution hospitalière.

La carte imprègne les façons de penser et d'agir. Ils disent « orienter » un patient, « placer » un malade. Ils disent aussi : « Nous sommes à l'entrée du chemin, c'est pourquoi l'orientation que l'on donne est fondamentale. » Ces manières de dire attestent de l'imbrication permanente entre médecine et territoire. Ce rapport d'imbrication, si spécifique au SAMU, forge des aptitudes qui associent le registre médical à d'autres compétences. La maîtrise de la carte hospitalière fait partie de ce répertoire de connaissances tacites, un répertoire qui s'apparente à un corpus de contre-techniques, aux frontières de l'empirisme. La carte s'apprend dans la répétition de la pratique quotidienne, elle s'assimile dans la durée. Les médecins ne régulent habituellement qu'après plusieurs années « de camion ». Seule l'expérience directe des lieux permet d'intégrer la géographie des services et, de façon plus fine encore, les réalités propres aux différentes architectures hospitalières. Un régulateur informe un jeune médecin SMUR de l'unité où est attendu son patient. Il précise avant de raccrocher : « Attention, c'est au sous-sol. Donc quand tu arrives, tu prends à gauche et tu descends par la rampe d'accès jusqu'au niveau -1. Normalement ton ambulancier le sait, mais rappelle-le-lui, qu'il ne tourne pas pendant cent ans. » L'espace est un milieu dans lequel il est indispensable de savoir naviguer, sans problème d'orientation ni erreur de parcours. Atteindre un lieu, un service est toujours un impératif. D'où les enjeux de savoirs liés à la carte hospitalière, à la carte tout court. « Il faut même leur apprendre Paris… » soupire un médecin au sujet d'un autre, moins expérimenté, qui vient de confondre le quai d'Orsay et le quai Branly. Des distinctions se construisent, jusqu'à cristalliser des rapports de force. « Quand on écrit Lisieux avec un z à la place du s, ça veut dire qu'on ne connaît pas sa géographie. Au SAMU, c'est grave ! » À l'occasion de cet appel en provenance d'un train effectuant la liaison depuis la gare Saint-Lazare vers la Normandie, la médecin qui déplore sèchement la faute d'orthographe ne fait rien d'autre que de renvoyer l'assistante de régulation à son statut subalterne.

L'implantation des hôpitaux dans la ville cadre et balise le champ d'action du SAMU. On l'a dit, cette distribution physiquement ancrée contraste avec la géographie sans cesse recomposée de l'urgence. L'hôpital fait partie des grands équipements publics. Son architecture s'inscrit souvent dans l'histoire et émerge du tissu urbain en raison de son emprise et de son échelle. L'hôpital fait repère dans l'espace comme dans le temps de la ville. Il matérialise le soin au même titre que d'autres matérialisent la loi (un tribunal), le savoir (une université), le sacré (un édifice religieux). Lorsque le régulateur place un malade, il inscrit la prise en charge de l'urgence dans cette dimension-là et dans cette stabilité-là. Depuis la salle de régulation, il y a comme une montée en puissance. « Le SAMU de Paris, c'est un petit noyau, trois cents personnes seulement. Mais nous sommes accrochés à un énorme hôpital universitaire, l'AP-HP, qui regroupe cent mille personnes dans une quarantaine d'hôpitaux », résume un médecin. Il ajoute : « Nous sommes une tête de pont, avec une très grosse machine derrière. » En entrant en résonance avec le maillage hospitalier, le SAMU refait unité avec l'ensemble du système de soins. Sa pratique médicale, solitaire par bien des aspects, récupère ici du collectif : « Le médecin régulateur, il a derrière lui tout l'hôpital. » Le SAMU a été pensé dès l'origine comme un prolongement de l'hôpital au-delà de ses propres murs, comme une extension mobile. Le lien à l'hôpital est un lien consubstantiel. D'ailleurs, le SAMU a un statut de service hospitalier. La définition de ses missions comme son fonctionnement ou la carrière de ses personnels s'inscrivent dans le cadre général de l'hôpital public. Mais à la différence des autres services, le SAMU a cette particularité de ne pas avoir de lits. Il a des patients « pris en charge », mais il n'a pas de patients « admis ». La distinction est majeure. Parce que, précisément, il n'a pas de lits, il lui faut en trouver sur la carte hospitalière. C'est ce qui fonde l'ambivalence de son double rapport à l'institution : le SAMU est lié avec la même intensité au dehors de l'hôpital et au dedans des services.

Le cœur des services agit en permanence comme un horizon de référence. À chaque étape de son travail, le régulateur fait entrer des récits et des situations à l'intérieur des grilles de lecture de l'hôpital. Faire entrer, faire passer, implique presque tout le temps de savoir traduire.

Dès l'appel au 15, la régulation traduit, au sens littéral. Un médecin fait remarquer : « Personne n'appelle le 15 en disant : "Je ressens une douleur épigastrique." » Les gens racontent ce qui leur arrive ou ce dont ils sont témoins dans un langage ordinaire. En transposant au langage médical l'expression d'une détresse individuelle, le régulateur engage une traversée de l'extrême particulier vers des catégories générales, il effectue une mise en ordre. Il classe, catégorise, établit des correspondances qui permettent une redistribution vers l'hôpital. Ces opérations de distinction et d'intelligibilité ont une utilité pratique immédiate, elles sont les premiers outils du tri médical. Elles servent à évaluer la gravité et à prioriser, à définir un motif de départ, à décider des moyens à engager, à anticiper telle ou telle prise en charge. Par contrecoup, elles agissent aussi au plan symbolique. La logique classificatoire qui opère met immanquablement à distance les affects, elle tend à neutraliser la charge émotionnelle. La régulation absorbe la vague de l'événement, elle en réduit l'amplitude et produit une sorte de dédramatisation de l'urgence. L'événement, dans tout ce qu'il a de singulier, est transformé en un élément qui prend place, parmi d'autres, dans un système. Il est identifié, reconnu, étiqueté, normalisé pour être intégré à la machine hospitalière.

Pour l'ouvrier du chantier de la rue Grégoire-de-Tours, le régulateur appelle l'unité de soins intensifs cardiologiques la plus proche du lieu de l'intervention. L'interlocuteur qui décroche écoute sa demande et indique ne pas être certain d'avoir une place pour ce patient. Il dit devoir « s'assurer de... », « vérifier si... ». Le régulateur redoute l'hésitation, il sent qu'il perd du temps. L'interlocuteur dit devoir se renseigner avant de donner une réponse ferme, il propose de rappeler un quart d'heure plus tard. Le régulateur le remercie et raccroche. Il arrive comme ici que la recherche d'un lit se heurte à la gestion tendue des services. La carte hospitalière est fixe dans sa dimension géographique, mais fluctuante concernant les capacités d'accueil et les niveaux de saturation. Les lits se vident et se remplissent. Les régulateurs du SAMU composent avec ces variations, dans un contexte rendu difficile par des décennies de politiques qui ont conduit à la fermeture de lits à l'hôpital public. Appeler, essuyer un refus, négocier, chercher plus loin. Le régulateur reprend son téléphone. Il compose le numéro d'un autre service de cardiologie interventionnelle, dans un autre établissement. Avec le médecin qui lui répond, il ironise sur l'échec de son premier appel : « J'ai eu la malchance de tomber sur un interne pas très éveillé, il doit débuter son semestre...

Ça t'ennuie si j'envoie le malade chez toi ? Sinon on va y passer la matinée avant que l'autre me trouve une place… Merci, très bien. Je leur dis de rouler vers l'HEGP, alors ? … Merci beaucoup. » L'HEGP c'est l'hôpital européen Georges-Pompidou, dans le sud-ouest de Paris. Le régulateur est parvenu à placer son patient en mobilisant des rapports de coopération. Un parcours direct, court et efficace ne résulte pas seulement d'une logique métrique. Il faut encore que l'enchaînement soit fluide humainement. C'est par l'instauration d'une relation et par la circulation de la parole que la continuité de la carte hospitalière peut exister. Un médecin indique : « En face, comme bien souvent ils sont déjà en flux tendu, ils ont tendance à refuser. Sauf si on sait bien leur parler. Même quand la situation est difficile, à partir du moment où j'appelle et que je dis : "Voilà, j'ai un malade, je ne sais pas trop ce qu'il a", eh bien j'implique mon correspondant. Je raconte mon histoire et je finis par : "Qu'est-ce que tu en penses ?" Là de nouveau, je l'implique dans ma recherche. Obligatoirement, il m'aide. Soit il me le prend, soit il me trouve une solution en m'envoyant vers un autre correspondant. » Par la négociation, dans la souplesse et par glissements, les équipes établissent chaque jour des liens entre des lieux disjoints de la carte.

Rue Grégoire-de-Tour, le patient a été brancardé et transporté jusqu'au camion. L'équipe finit de l'installer. Le téléphone du médecin transporteur sonne, c'est le régulateur qui l'informe de sa destination : « Tu es attendu en coro à l'HEGP. » La « coro », c'est la coronarographie, l'examen de référence pour l'infarctus du myocarde, qui permet de visualiser les lésions des artères coronaires et de les traiter. Il s'est écoulé vingt-cinq minutes entre le départ de la rue Grégoire-de-Tours et l'installation du patient sur la table de coronarographie de l'hôpital.

L'entrée dans l'hôpital est la dernière traversée que le SAMU accomplit et fait accomplir. Le dernier franchissement. Ce passage de l'extrahospitalier à l'hospitalier est matérialisé par une série de séparations et d'agrégations, de déplacements. Le patient passe du brancard au lit. Des appareils, ceux du SMUR, sont débranchés et d'autres, ceux de l'hôpital, sont branchés. Le bilan change de nom. On parle désormais de « transmissions ». Les transmissions marquent la fin de l'intervention. La fiche d'intervention – qui consigne les actes réalisés, les produits administrés, les heures – devient la première pièce du dossier médical ouvert dans le service. Une fois les transmissions faites, une fois le patient « confié », l'équipe SMUR repart. La mission du SAMU est terminée. Cette fois, cependant, le médecin transporteur demande à assister à l'examen. Il veut savoir. « Je t'en prie, viens, entre » : le cardiologue l'invite à l'accompagner derrière la vitre où sont installés les écrans. Les images qui apparaissent concluent rapidement à un infarctus. Le patient risquait l'arrêt cardiaque. Les différents médecins présents dans la cabine félicitent le médecin SMUR pour sa perspicacité. S'il ne s'était fié qu'à la technique (l'électrocardiogramme), il serait passé à côté du diagnostic. Tous s'accordent à dire que la première qualité d'un médecin, c'est son sens clinique.

La communauté qui s'est constituée derrière la vitre de cette cabine de contrôle illustre la puissance intégrative de l'hôpital. L'hôpital, on le sait, est une matrice où s'acquiert du commun. Dès les années d'études, pendant l'internat, l'esprit se plie à la discipline médicale et le corps s'habitue aux gestes, aux rythmes du métier. La longueur des apprentissages consolide les liens qui seront par la suite des rapports de travail. Les médecins du SAMU sont et restent des praticiens hospitaliers. Il est d'ailleurs fréquent qu'ils maintiennent une part de leur activité à l'hôpital, dans un service d'accueil des urgences ou en réanimation.

Les infirmières et les infirmiers aussi. Les continuités à l'œuvre entre l'hôpital et le SAMU réverbèrent des liens d'appartenance profonds qui entretiennent une forme de conscience commune, un engagement articulé autour de la notion de service public. Cet engagement est plus ou moins affirmé, plus ou moins mis à l'épreuve par les difficultés accumulées, mais il tient encore et continue d'agir en soubassement des parcours de chacun.

NUIT BLANCHE

Le lendemain, elle dit : « Hier soir, on a été réquisitionnés. On a reçu sur notre portable un message préenregistré nous demandant de regagner le service sans délai. Donc je reçois ce message, mais je ne sais pas ce qui se passe. J'appelle tout de suite un collègue que je savais de garde. Il me dit en deux mots que ça tire. Je lui demande si je peux prendre le métro. Je ne savais rien de la situation. Est-ce que ça tire dans le métro ? Je ne savais pas. Il m'a dit : "On n'a pas le temps de discuter. Viens !" et il m'a raccroché au nez. » Elle ajoute : « Alors j'ai filé dans le métro et je suis arrivée. » Katia Mandel est médecin, elle décrit le moment de l'alerte. Le moment où, depuis chez elle, elle doit traverser Paris pour rejoindre sa base, le SMUR Necker. Le premier impératif, comme chaque fois, est un impératif d'accès. Filer dans le métro, se frayer un chemin. L'événement semble comme s'annoncer au loin, on en cherche la mesure. Immédiatement c'est la carte qui apparaît, l'ossature de la ville, son plan de circulation. La carte et le déplacement.

Peu avant, dans la salle de régulation du SAMU de Paris, ce sont les appels au 15 qui ont fait apparaître la situation. L'un des deux médecins régulateurs en poste ce soir-là se souvient : « Assez vite, on réalise que ce n'est pas un règlement de comptes, que ce n'est pas une affaire de banditisme. D'abord en raison du nombre de victimes que l'on nous signale. Mais aussi parce que, les malfrats, ils descendent leur cible et ensuite, leur but, c'est de s'extraire au plus vite. Là, ils répètent le truc, ils restent dans le coin. » Les appels se multiplient, les lignes sont saturées. Les régulateurs sentent le climat qui s'empare de la ville, ils en comprennent la signification. Plusieurs secteurs sont touchés, l'attentat multisite est identifié. « Alors on réfléchit, on pense, on essaie d'analyser. Tout de suite j'ai mis une externe devant la carte. Je lui ai demandé de localiser au feutre les attaques en temps réel et de noter les heures. Cela permet d'avoir la cinétique de ce qui est en train de se passer. » L'adversité est mouvante, elle étend sa portée et s'enfonce au fil des minutes dans l'espace de la ville. « Ils sont en voiture. À un moment ils se fixent. Ils ont l'air de se fixer. » Les attaques se déplacent, s'arrêtent, reprennent, elles dessinent une cartographie instable. Des blessés bougent aussi, floutant encore les contours des lieux de l'urgence. Certains parviennent à s'échapper et se réfugient dans des halls d'immeuble ou derrière des portes cochères, dans des rues voisines. D'autres montent dans une voiture et s'éloignent avant d'appeler les secours. D'autres encore, sous l'effet de la panique, donnent leur adresse personnelle à la place de l'endroit où ils se trouvent. Les localisations sont volatiles.

Point d'impact, point de départ, point rouge que l'on visualise sur le plan. Ligne qui file. Avoir quelqu'un en ligne. Ligne blanche, ligne tendue. Les régulateurs suivent des pistes et chacune apparaît comme l'extrémité d'un fil, un fil qui part d'un point, un point qui se dilate. À mesure que le nombre de victimes augmente, le point fait tache d'huile. Il devient zone. Zone chaude, zone brûlante, zone de turbulences. Point, tache, extension. Le territoire est amplifié.

Dans l'épaisseur des premiers instants, en même temps que l'événement se construit, se construit aussi la réponse qu'on lui donne. « S'adapter, c'est notre métier », souffle un infirmier. L'alerte remonte au plus haut niveau des services de l'État, les plans d'urgence sont déclenchés. Au SAMU et à l'hôpital, ils appellent « plan blanc » les dispositifs activés pour faire face à un afflux massif de victimes. Les personnels sont rappelés. C'est le message automatique qu'ils reçoivent sur leur téléphone portable. Tous les hôpitaux sont mis en alerte et l'ensemble des SAMU d'Île-de-France est mobilisé. Changement de volume, changement d'échelle, la régulation du SAMU de Paris gonfle. Elle se dédouble. La salle habituelle conserve son fonctionnement normal pour les appels courants – il continue ce soir-là à y avoir des victimes d'infarctus et des bébés en détresse respiratoire. Mais une autre régulation, une cellule de crise, est ouverte dans une pièce adjacente équipée de lignes téléphoniques, de postes informatiques et de grands tableaux blancs pour pouvoir écrire. Cette cellule affectée aux attaques est montée par les médecins et les assistants qui ont été rappelés. Ils mettent en place une régulation qu'ils appellent zonale, car à partir de cette pièce le SAMU de Paris va élargir son périmètre de travail en dirigeant et en coordonnant les huit SAMU d'Île-de-France. Un mouvement concentrique vers Paris et Saint-Denis s'amorce. Une régulatrice de la cellule de crise appelle le SAMU 94, à Créteil : « Bon, écoute, il y a une explosion au Stade de France, le 93 a des moyens engagés. Nous, nous avons une fusillade dans Paris avec une voiture qui tire. – D'accord... – On aurait besoin d'avoir du renfort sur Paris. Là, il y a déjà une quinzaine d'urgences absolues. Est-ce que tu as des moyens disponibles, est-ce que tu peux faire venir tes SMUR vers chez nous ? Qu'est-ce que tu peux nous envoyer ? – ... Là, en l'état actuel, sur les trois équipes je peux t'en envoyer deux. – Bon, tu m'en envoies deux ? – Oui. Mais quel est le point de rassemblement ? – Attends, ne coupe pas, je me renseigne... » Après quelques secondes, la régulatrice reprend : « Tu vas nous mettre tes équipes à La Pitié, tu les fais monter à La Pitié-Salpêtrière, d'accord ? – D'accord. – Et tu peux voir avec tes SAMU de proximité pour essayer de pousser, si réellement on en avait besoin ? – Oui, d'accord. J'appelle le 77 et le 91. – Le 91 est déjà prévenu, il faudrait que tu mettes en alerte le 77. – D'accord, très bien. – Je te remercie, à plus tard. – À plus tard. »

La géographie de référence est augmentée pied à pied, appel après appel. Les capacités des SMUR aussi, un aide-soignant explique : « Des camions qu'on n'utilise pas d'habitude ont été équipés. On était nombreux, on a fait la chaîne. Ça va vite, on sait faire. » Les gestes et les mots à l'œuvre derrière l'événement déploient un répertoire de modes de penser et d'agir qui préexistent à la catastrophe, qui ont été acquis dans la répétition de la pratique quotidienne et qui sont par ailleurs régulièrement mis à l'épreuve dans le cadre d'exercices d'entraînement. La géographie est transformée, la temporalité aussi. On entre dans une sorte de présent incessant, où le temps est à la fois extrêmement contracté et comme retenu. Retenu, à cause du danger. Le directeur médical du SAMU de Paris, en chemin pour regagner la cellule de crise, est tenu informé au téléphone par l'un des régulateurs en poste : « Les équipes sont prêtes à partir, mais j'attends d'avoir un bilan sécurité pour ne pas les envoyer au casse-pipe. – Oui, mais envoie-les à proximité, rapproche-les des sites s'il te plaît. – On va les rapprocher des sites, mais le problème c'est que ça bouge. – Justement. Si ça bouge, ça veut dire que ça va libérer les tireurs. Donc tu les rapproches. » *Tu les rapproches* traduit et rappelle l'essence de cette médecine extrahospitalière, une médecine qui se mêle au monde, qui va à son contact et qui, ici, donne à l'être-avec son plein régime.

Monter en charge, élargir les champs d'action, la réponse du SAMU est du côté de ce qui augmente.

Mais elle est aussi, sur son autre versant, du côté du vide. Pendant qu'une partie des régulateurs rassemble et concentre les moyens d'intervention, l'autre partie cherche des vides dans l'hôpital. Comme une vague qui se retire. Les médecins appellent un à un les services de réanimation, les unités de déchocage et les blocs opératoires pour compter et localiser les places disponibles. Ils appellent pour recenser les lits libres, mais aussi pour prévenir. Car en tout début de soirée certains ne savent encore rien. « Allô, c'est le SAMU de Paris. – Oui. – On vous appelle pour vous mettre en alerte, on a des tireurs fous dans Paris et… – C'est une blague ? – Non ce n'est pas une blague, c'est vraiment sérieux. Il y a eu une explosion au Stade de France en plus. On a besoin de savoir combien de lits vous avez et il va falloir faire le maximum. – D'accord… Vous voulez savoir combien de lits on a ? – Oui. Combien de personnes vous pouvez accueillir maintenant ? – Mais… Il y a des blessés ?... – Oui, oui. Treize UA pour le moment. – Ah ! treize urgences absolues sur place ?! – Oui, treize urgences absolues et au moins trois décédés pour le moment, mais ce n'est pas terminé. » Le régulateur continue de donner les informations dont il dispose. Son interlocuteur l'écoute, puis lui répond : « OK, très bien. On peut accueillir plusieurs patients. On va dire quatre. Cinq. On a des lits de libres, il n'y a pas de problème. Et puis je vais prévenir mes blocs. – Merci, on vous tient au courant. » Le régulateur raccroche et enchaîne. D'autres appels, d'autres établissements. « C'est le SAMU 75 à l'appareil, pour vous prévenir que… » Puis : « Combien de places avez-vous ? – Tout de suite, deux. Et s'il y a besoin, plus. Je déclenche ce qu'il faut. Immédiatement je peux faire deux victimes et j'en ai déjà accepté une du Stade de France. – D'accord, je note deux pour le moment. Merci. » Les uns après les autres, les SAMU d'Île-de-France rappellent Paris pour informer des décomptes qu'ils ont eux-mêmes effectués sur leur territoire et autour : « Bonsoir, c'est le 92, j'appelle pour transmettre les places du 78. – Alors… je t'écoute. – Versailles, une place réa chir. Poissy, une place. – Toujours en réa ? – Oui. – Après, Meulan, une place. Rambouillet, une place et Mantes, deux places. – Mantes-la-Jolie ? – Oui. – D'accord, merci. » La carte hospitalière est exacerbée. Les rapports entre le proche et le lointain sont ébranlés. Paris renvoie au dehors d'elle-même, les limites de la ville ont bougé.

Les limites de la ville ont bougé, les centralités aussi. Les attaques ont déporté le cœur de Paris vers l'est, dans les 10e et 11e arrondissements. Le cœur de la ville ce soir-là, ce sont des trottoirs, les terrasses touchées. Puis c'est un bâtiment entier, la salle de concert et les étages du Bataclan. *À un moment ils se fixent. Ils ont l'air de se fixer.* L'attaque s'installe dans la durée et dans l'invisible d'un lieu fermé. Sur les terrasses, même si les prises en charge ont été différées de plusieurs minutes, les équipes médicales ont pu venir en aide aux survivants. Là, il est impossible d'aller jusqu'aux blessés. Risques persistants, opération en cours, périmètre d'exclusion dressé par les forces de police : le bâtiment et ses abords sont inaccessibles. Comme une zone blanche sur une carte, une zone pochée.

Le docteur Katia Mandel et son équipe SMUR sont parmi les premiers dans le secteur. Elle raconte l'approche, elle décrit des logiques d'emplacement. « Quand on arrive, on se positionne boulevard des Filles-du-Calvaire. La rue Oberkampf était encore un axe de tir, on n'était pas autorisés à s'y engager. » Des pompiers, des policiers sont là, d'autres camions SMUR arrivent. « On avait des informations par liaison radio avec la régulation et par les pompiers qui étaient avec nous, explique-t-elle. Assez vite, on sait qu'il y a sans doute beaucoup de morts, beaucoup de blessés graves. »

Elle s'interrompt, puis elle reprend : « Alors, on a commencé à monter le PMA. » Le PMA, c'est le poste médical avancé, l'équivalent d'un hôpital de campagne. Il matérialise la bascule du SAMU vers une prise en charge de masse. Un autre médecin explique : « Le PMA est une sorte de traduction technique de la situation. Sur le plan humain comme sur le plan matériel, construire le PMA c'est anticiper les besoins, le type de lésions probables, le nombre de plateaux. » Des véhicules et des équipes médicales arrivent encore, des camions logistiques sont envoyés en renfort par la régulation pour acheminer du matériel. Le poste médical avancé s'échafaude ainsi. Il institue une zone hospitalière en bordure du périmètre interdit. Une zone de lisières qui vient se loger dans les possibles du tissu urbain. Katia Mandel dit : « On a regardé autour de nous et on a fait avec ce qu'il y avait. En vérité, il n'y avait pas grand-chose d'autre que le café et un restaurant japonais. Il n'y avait pas beaucoup d'options de lieux abrités. » Elle précise : « Évidemment, on sait travailler dans la rue, sur le trottoir. Mais là, il fallait impérativement que l'on ne soit pas à découvert. » Les incertitudes d'un contexte largement dégradé imprègnent la perception des lieux. Elle parle du vitrage du café, des grandes vitres en façade. Elle se souvient d'avoir pensé à leur fragilité.

« S'il y avait eu d'autres fusillades plus tard dans la soirée, nous n'aurions pas pu protéger nos patients des tirs, ni même des éclats de verre. » Elle rappelle aussi que le réel ne correspond jamais complètement à l'idéal décrit par les protocoles de médecine de catastrophe. Elle dit : « Normalement, un PMA doit avoir une entrée et une sortie pour qu'il n'y ait pas de croisements et que l'on puisse mettre en place des norias fluides. Là, c'était impossible, le café n'avait qu'une seule porte. » L'espace qui s'agence compose avec la matérialité de la ville, avec son bâti, avec l'architecture. Il compose avec cela pour inscrire dans l'ordinaire des lieux une forme autre, celle d'un équipement hospitalier. Le poste médical avancé transforme. De façon tout à fait concrète : « Le patron du café nous a aidés, dit Katia Mandel. On a poussé les tables et les chaises, il les a stockées ailleurs. » Il ne restait que les grosses banquettes de skaï rouge, trop lourdes pour être transportées. « On les a poussées contre le mur. On a allongé des victimes dessus au début, mais ce n'était pas très pratique. Assez vite on a aligné les blessés à même le sol. Sur une banquette, on n'en met qu'un seul, qui en plus risque de chuter. Par terre, on les aligne par cinq, c'est plus efficace, on va plus vite. »

Aller vite. Le rythme est donné par les équipes au travail. Il est surtout fixé par un tempo plus général, celui de l'événement, dont la portée parvient par à-coups. Un médecin se souvient : « Les victimes arrivaient par vagues de quinze ou vingt. » Il ajoute : « À mesure que la police progressait dans le Bataclan. » Ce sont en effet les policiers qui, comme ils peuvent, sortent les blessés du bâtiment et les évacuent hors du périmètre d'exclusion. En limite de ce périmètre, des pompiers et des secouristes prennent le relais et les brancardent jusqu'au poste médical avancé, quelques centaines de mètres plus loin. Des rotations se mettent en place, c'est ce qu'ils appellent des norias. La chaîne d'extraction et de sauvetage prend corps dans une succession de déplacements, d'intervalles et de franchissements.

Le poste médical avancé est lui-même un territoire du déplacement, de l'intervalle et du franchissement. Il fait accéder à la vaste géographie des vides établie par la régulation. Ce passage à l'échelle de la carte hospitalière opère par la traduction d'une situation de chaos en une forme d'intelligibilité. Les médecins et leurs équipes recomposent un ordre à partir duquel ils agissent. Ils stabilisent les blessés, ils les conditionnent pour le transport et organisent les évacuations, la perspective étant toujours l'hôpital. « Il y a ceux dont le pronostic vital est immédiatement engagé, qui doivent être évacués au plus tôt, et ceux qui ont un peu de temps, qu'on va pouvoir faire tenir un peu plus longtemps », explique un médecin. Le niveau de gravité des lésions impose une chronologie, leur nature détermine une orientation spatiale : « Une plaie à la tête et un traumatisme pénétrant du thorax, ce n'est pas la même chose en termes de destination hospitalière. » L'accès régulé à l'hôpital est fondamental pour la survie des victimes. Il leur permet d'atteindre le service adéquat à leurs blessures. L'enjeu est là encore d'aller vite. Car réduire le temps de passage dans le poste médical avancé, c'est réduire le temps d'accès au bloc opératoire, dans le bon service. « Si on perd du temps à ce niveau-là, on perd des vies de façon indiscutable », résume un cadre du SAMU. Le fait qu'aucun transfert interhospitalier n'ait été constaté dans les jours qui ont suivi démontre après coup l'efficacité du dispositif de triage déployé ce soir-là. Savoir placer les malades, on le sait, est au cœur de la pratique médicale des SAMU. En situation de nombreuses victimes, cette aptitude est essentielle pour les victimes elles-mêmes, mais aussi pour l'hôpital en tant que système, en tant que machine. Le poste médical avancé reçoit l'événement. D'une certaine manière, il en atténue le choc. Il ne répercute pas les *vagues de blessés* telles quelles dans l'hôpital. Il les absorbe et les filtre avant de les redistribuer. Il transforme leur caractère indistinct en identifiant, en catégorisant. Il réduit leur densité en la répartissant sur la carte hospitalière. « Il ne s'agit pas de déplacer le problème, de la rue à l'entrée de l'hôpital », fait remarquer un autre médecin. L'objectif commun du poste médical avancé et de la régulation est de transformer le *problème* pour que l'événement puisse entrer dans l'hôpital sans mettre ce dernier en danger. L'évacuation régulée des victimes protège en effet d'un engorgement des services et d'une saturation de l'ensemble du système de soins. Par les ordonnancements qu'il opère, le poste médical avancé préserve le fonctionnement global de l'hôpital public.

Tard dans la nuit vient le moment où les blessés n'arrivent plus. La mission du SAMU s'achève. « On ferme l'événement », dit Katia Mandel. Elle dit aussi : « Quand c'est terminé, on fait comme d'habitude, on ramasse, on range, on remet tout dans les camions. » Ils rentrent, ils regagnent leur base. Là, ils déchargent le matériel, ils rangent de nouveau. Katia Mandel insiste : « On réarme les camions, comme d'habitude. On réarme toujours le camion. » Une façon de se tenir prêt au recommencement, de se replacer et de se repenser dans le cycle ininterrompu de l'urgence. Dans le cycle ininterrompu de la vie. À chaque échelle d'intervention, ce sont en définitive des figures du mouvement et de la circulation qui dominent. Face à l'événement destructeur qui enclenche une mécanique de rupture et d'écrasement, face à sa puissance de désintégration qui arrête tout, qui fige et qui soustrait au mouvement du monde, la médecine d'urgence s'attelle au contraire à refabriquer du franchissement. Pour raccrocher à ce mouvement du monde et, en ce sens, produire à nouveau du commun.

« Tu travailles sans cesse à repousser le rivage. » Dans ce vers d'Horace, le traducteur a écrit « tu travailles sans cesse » pour *urges**, soulignant la notion d'insistance que contient l'origine latine du mot urgence. Cette origine convoque aussi l'idée d'une pression, au sens physique et spatial. Comme une force exercée par un effet de masse. La dimension temporelle imprègne ensuite le lexique, désignant une assignation à agir immédiatement. Très tôt aussi, et c'est fondamental dès lors que l'on parle de l'urgence médicale, on observe dans la langue une fixation de l'urgent au registre du vital. C'est cette fixation qui demeure aujourd'hui et

* Horace, *Odes*, Livre deuxième, XVIII. Traduction proposée par Raymond Bénévent, dans « La rhétorique de l'urgence », *La Lettre de l'enfance et de l'adolescence*, 76/2, 2009, p. 13.

qui définit l'urgentiste comme celui qui tient dans ses mains le vital dans l'instant. Dans cet instant, dans les plis des mots qui disent le corps atteint, l'existence qui vacille, se logent chaque fois des figures de l'intime. Un détail, une perception infime, une perception parfois tronquée : quelques mots, un geste, un regard. Des traces. Des traces comme des indices. Des indices qui parlent avant tout pour eux-mêmes et en eux-mêmes, mais qui peuvent néanmoins, par réverbération, éclairer le monde qui les entoure. Ces indices minuscules, personnels, toujours particuliers, disent bien sûr l'unique de chaque être, mais concourent dans le même temps à l'élaboration d'un récit collectif qui raconte le fragile de nos vies. Chacun d'entre nous a au moins une fois interrompu sa conversation au passage assourdissant d'un véhicule du SAMU. Chacun d'entre nous a au moins une fois suivi le camion des yeux, se demandant où il allait, au-devant de quel danger, de quel drame. L'urgence résonne en nous profondément, sans doute parce que nous savons que la prise en charge d'une seule vie en péril porte en elle l'existence de tous comme enjeu.

REMERCIEMENTS

Mes plus sincères remerciements vont au Pr. Pierre Carli, qui m'a ouvert sans réserve les portes du SAMU de Paris.

Les médecins, les assistants de régulation, les infirmiers, les ambulanciers, les aides-soignants, les personnels administratifs du SAMU de Paris et du SMUR Necker sont présents à toutes les pages de ce livre. Ils m'ont acceptée parmi eux pendant de longs mois. Davantage encore, ils m'ont offert l'*hospitalité*. Souvent ils ont donné de leur temps pour me parler de leur travail, de leur vie, pour questionner ma propre démarche et me faire ainsi avancer dans l'écriture. Je leur suis largement redevable et leur adresse ici ma plus profonde gratitude.

TABLE